Eine Gesellschaft im Gewand einer Gemeinschaft

Ernest Gellners Nationalismustheorie

Bianca Többe Gonçalves

ISBN-10: 1546903690
ISBN-13: 978-1546903697

INHALT

Für Susan Gellner

1 EINLEITUNG

„In the Name of the Most Holy Trinity, from Whom is all authority and to Whom, as our final end, all actions both of men and States must be referred.

We, the people of Éire,

Humbly acknowledging all our obligations to our Divine Lord, Jesus Christ, Who sustained our fathers through centuries of trial,

Gratefully remembering their heroic and unremitting struggle to regain the rightful independence of our Nation, (...).“

(Irish Constitution)

Die irische Verfassung bringt sehr treffend zum Ausdruck, dass Nationalismus sich selbst als „natürlich“ und in diesem Fall sogar als von „übernatürlichen göttlichen Kräften“ legitimiert sieht. Die Republik Irland hat ihre Unabhängigkeit nicht nur erlangt, sondern nach dieser Auffassung wiedererlangt, ihr nationaler Nabel reicht demnach weit zurück in die Geschichte.

Die Iren fallen mit dem in ihrer Verfassung niedergelegten Nationalismus nicht aus der Reihe. Einige Verfassungen mögen auf übernatürliche Referenzen verzichten, aber bieten dem Außenstehenden andere teils exotisch anmutende Legimitationen für ihren jeweiligen Nationalismus an. Jeder Nationalstaat verfügt über formelle „nationale Mythen“. Abgesehen von denen in Unabhängigkeitserklärungen oder Verfassungen niedergelegten offiziellen Begründungen für Nationalismus, die zumeist auch den jeweiligen

Nationalbürgern als pompös erscheinen, ist für die meisten von uns die Tatsache, dass wir eine nationale Zugehörigkeit besitzen und in einer Welt von Nationalstaaten leben, etwas „natürliches". Aber ist es „natürlich", dass Menschen in kulturell homogenen anonymen Massengesellschaften leben? „Nein" sagt Ernest Gellner[1], denn im Gegensatz zu der Vorstellung der Nationalisten, dass ihre jeweilige Nation eine lange Vorgeschichte besitzt, sind nach Gellners Überzeugung Nationen und ihre Schöpfer, die Nationalismen, ein Produkt der Moderne.

Gellner gehört wie viele andere Nationalismusforscher zu den „Kreationisten", was die Ursprünge von Nationalismus und Nationen betrifft. „Kreationisten" sind in diesem Fall Modernisten (Nationen wurden geschaffen), und die Nationalisten argumentieren hinsichtlich ihrer Nation evolutionär (Nationen waren immer schon da). Demgegenüber sind die um einiges bekannteren Kreationisten, mit denen Richard Dawkins sich streitet, davon überzeugt, dass Gott die Welt in sieben Tagen erschaffen hat. Die „Kreationisten" unter den Nationalismusforschern sehen nicht Gott als den Schöpfer von Nationen an (das überlassen sie den Nationalisten), sondern sehen im Nationalismus den Schöpfer von Nationen. Kurz gesagt lautet die hier vertretene These: In vormoderner Zeit hat es keinen Nationalismus gegeben. Nationalismus und die von ihm hervorgebrachten Nationen sind ausschließlich ein Produkt der Moderne.

Da der Begriff „Nation" sehr alt ist und oftmals fälschlicherweise als Beweis für die lange Geschichte der Nationalstaaten angeführt wird[2], ist es angebracht, die Frage „Was sind Nationalstaaten?" an

---

[1] Ernest Gellner (1925–1995) war ein britischer Philosoph, Sozialwissenschaftler, und Sozialanthropologe. Er ist in Paris geboren, in Prag aufgewachsen und mit seiner Familie als 13-Jähriger vor den Nationalsozialisten nach London geflüchtet. Als Mitglied der Czech Armoured Brigade hat er in Dünkirchen gekämpft und ist 1945 nur für kurze Zeit nach Prag zurück gekehrt bis deutlich wurde, dass die Kommunisten die Macht übernehmen würden. In Oxford hat Gellner PPE (philosophy, politics & economics) studiert und bei Raymond Firth in Sozialanthropologie promoviert. Er hatte Lehrstühle in Philosophie, Soziologie und Sozialanthropologie inne (an der LSE, in Cambridge sowie in Prag) und ist Autor zahlreicher Bücher.

[2] So beispielsweise von Liah Greenfeld in „Nationalism – Five Roads to Modernity" (1993): Die Autorin beschreibt Nationalismus als eine von England um 1600 hervorgebrachte „Erfindung". Vgl. auch Gat 2012: 223 ff.

dieser Stelle zu erörtern. Nationalstaaten bestehen aus zwei Komponenten: Kultur und Macht. Die Fusion von politischer Macht (einem Staat) mit einer Hochkultur (einer Nation) ist historisch betrachtet eine Eigenart. Staaten[3] gibt es schon seit dem Agrarzeitalter. Nationalstaaten unterscheiden sich jedoch von vormodernen Staaten dadurch, dass politische Legitimität nur diejenigen politischen Herrscher genießen, die mit ihrer Bevölkerung kulturell „übereinstimmen". Herrscher, die dieses Kriterium nicht erfüllen, gelten als nicht legitim. Nationalstaaten entstehen laut Gellner dort, wo eine Reihe von lokalen Kulturen durch eine Hochkultur ersetzt wurde. Und diese Hochkultur durchdringt mittels des Bildungswesens die gesamte Gesellschaft. Sie ist nicht auf eine Elite beschränkt, wie es in vormodernen Gesellschaften der Fall war. In Anlehnung an die pointierte Unterscheidung zwischen Dialekt und Sprache, die lautet „Eine Sprache ist ein Dialekt mit einer Armee und einer Marine"[4], könnte man den Nationalstaat als eine „Hochkultur mit einer Armee und einer Marine" beschreiben.

Ernest Gellner gehört nicht nur zu den Modernisten der Nationalismusforschung, sondern er war auch der erste Nationalismusforscher, der eine Nationalismustheorie entwickelt hat.[5] Gellners Nationalismustheorie bietet eine Erklärung dafür, weshalb die moderne Welt eine Welt der Nationalstaaten ist und hat als ihren Untersuchungsgegenstand die moderne Gesellschaft, also die Industriegesellschaft und auch die Transitionsgesellschaft (in Abgrenzung zur vormodernen Gesellschaft oder Agrargesellschaft). Bevor wir uns eingehend mit seiner Nationalismustheorie beschäftigen, mag es hilfreich sein, einen kurzen Überblick über Gellners Nationalismusforschung und die Entstehung seiner Theorie zu geben

---

[3] Der Staat lässt sich laut Anthony D. Smith wie folgt definieren: „The concept of the state can be defined as a set of autonomous institutions, differentiated from other institutions, possessing a legitimate monopoly of coercion and extraction in a given territority." (Smith 2010: 12)

[4] Diese Erklärung für den Unterschied zwischen Dialekt und Sprache stammt laut Max Weinreich, Professor für Jiddische Sprachwissenschaft, von einem Zuhörer seiner Vorlesung.

[5] In „Nationalism", seinem Überblick über die Nationalismusforschung, schreibt Smith: „If we leave aside the claims of sociobiology, there was until very recently only one theory in the field. The theory in question was put forward in 1964 by Ernest Gellner in the seventh chapter of his *Thought and Change.*" (Smith 2010: 66)

sowie ihren Stellenwert zu beleuchten.

„Ein Juwel von einem Buch“ schrieb die Irish Times über Gellners posthum veröffentlichtes Buch „Nationalismus: Kultur und Macht“ (1999), das 1997 auf Englisch erschien. Der Rezensent bezog sich auf die tiefgehenden Kenntnisse mehrerer Disziplinen, aus denen Gellner seine Nationalismustheorie entwickelt hatte. Diese Monographie ist die letzte von Gellners drei elaboriertesten Ausformulierungen seiner Nationalismustheorie. Die erste Niederlegung dieser Theorie stellt das Kapitel „Nationalism“ in der Monographie „Thought and Change“ von 1964 dar. Hier ist Gellners Nationalismustheorie geprägt von seinen Feldforschungsarbeiten bei den Berbern Marokkos.[6] Gellner war direkter Beobachter der damaligen Unabhängigkeitsbestrebungen Marokkos, die 1956 erfolgreich waren. Das Thema Dekolonialisierung spielte bei dieser ersten Formulierung seiner Nationalismustheorie eine herausragende Rolle. Das 1983 veröffentlichte Buch „Nations and Nationalism“ ist die zweite große Darstellung seiner Nationalismustheorie. Und dieses Buch wurde zu einem Bestseller, nicht zuletzt deshalb, da es nur wenige Jahre vor dem Ende der Sowjetunion und den daraus folgenden nationalen Unabhängigkeitsbestrebungen erschienen war. Inhaltlich vertrat Gellner hier die gleichen Ansichten wie in dem „Thought and Change“-Kapitel, das jedoch bei seiner Veröffentlichung kaum Aufsehen erregt hatte, weder in akademischen Kreisen noch darüber hinaus. Der Politikwissenschaftler Brendan O'Leary sieht einen Grund für die schwache Rezeption dieser ersten Formulierung von Gellners Nationalismustheorie darin, dass es sich um ein innerhalb einer Monographie „verstecktes“ Kapitel handelte, welches von vielen Politikwissenschaftlern und Soziologen nur als

---

[6] „Saints of the Atlas“ (1969) lautet der Titel seiner sozialanthropologischen Dissertation. Gellner hat die Rolle der Heiligen bei den Berbern im Atlasgebirge Marokkos erforscht. Er schreibt über sein Erkenntnisinteresse: „The problem concerns, essentially, the working of a hagiarchy, ‚government' – if this is not too strong a term – by hereditary saints in a near anarchic tribal environment. (...) how did the Rule of Saints, or Anarchy Mitigated by Holiness, maintain itself and function?“ (Gellner 1969: 35) In einem anderen Artikel schreibt Gellner über sein Forschungsinteresse: „When I first saw Berber villages of the central Atlas, each building clinging to the next, the style wholly homogeneous, the totality crying out that this was a *Gemeinschaft*, I knew at once that I wanted desperately to know, as far as an outsider ever could, what it was like *inside*. I knew I had the motivation to undergo whatever hardships the inquiry would bring.“ (Gellner 1996: 680)

Mosaikstück in Gellners gesamter Abhandlung angesehen wurde. „Thought and Change", also die Monographie als ganze, galt vielen amerikanischen Wissenschaftlern als besonders scharfsinnige Version der in den sechziger Jahren vorherrschenden Modernisierungstheorie. Gellner hatte zwei für die Politische Philosophie wichtige Faktoren hinsichtlich der Legitimation einer modernen politischen Einheit postuliert: Wachstum und Nationalismus.[7] Letzterer Aspekt hat nach Ansicht von O'Leary bei der Rezeption von „Thought and Change" wenig Berücksichtigung gefunden, weil der Forschungsschwerpunkt in den sechziger Jahren bei den ökonomischen Aspekten von Modernisierung lag (O'Leary 1998: 78 f).

Laut der Times gehört „Nations and Nationalism" zu den einhundert einflussreichsten seit dem Ende des Zweiten Weltkrieges veröffentlichten Büchern.[8] Abgesehen von diesen drei wichtigen Darlegungen seiner Nationalismustheorie hat Gellner sich in einer Fülle von Artikeln zum Thema Nationalismus geäußert. Besonders erwähnenswert ist in diesem Zusammenhang sein Artikel „Reply to Critics", der 1996 erschienen ist, und eine eingehende – wie der Titel schon nahelegt – Auseinandersetzung mit der Kritik an seiner Forschung insgesamt und u.a. auch an seiner Nationalismustheorie darstellt. Damit haben wir einen allgemeinen Überblick darüber, wo sich Gellners Nationalismustheorie finden lässt.

Aber wieso sollte uns gerade *Gellners* Nationalismustheorie interessieren? Ist das nicht nur eine von vielen Theorien? Wäre es nicht sinnvoller, verschiedene Nationalismustheorien darzustellen und sie daraufhin zu durchleuchten, inwieweit sie zum Erkenntnisgewinn auf dem Feld der Nationalismusforschung beitragen? In Anthologien zum Thema Nationalismusforschung wird naturgemäß

---

[7] Hierzu schreibt Gellner in „Thought and Change": „(...) the two crucial and central values of our time (are, BTG) the attainment of affluence and the satisfaction of nationalism. ‚Affluence' means, in effect, a kind of consummation of industrial production and application of science to life, the adequate and general provision of the means of a life free from poverty and disease: ‚nationalism' requires, in effect, the attainment of a degree of cultural homogeneity within each political unit, sufficient to give the members of the unit a sense of participation." (Gellner 1965: 114)

[8] Vgl. „The Hundred Most Influential Books Since the War", Times Literary Supplement, 30.12.2008.

so verfahren (Vgl. Salzborn 2011, Smith 2010). Wie Anthony D. Smith in seinem Überblick über die Nationalismusforschung betont, ist Gellners Nationalismustheorie die erste Theorie, die aufgrund ihrer Reichweite als solche bezeichnet werden kann. Aber die Tatsache, dass Gellners Nationalismustheorie damit quasi als Nabel der Nationalismusforschung anzusehen ist, ist meines Erachtens kein hinreichendes Argument, seine Theorie besonders hervorzuheben. Was Gellners Nationalismustheorie einzigartig macht, ist aus meiner Sicht ihre Schlüssigkeit, ihre Interdisziplinarität und ihre Methodik. Gellner hat in seiner Nationalismustheorie Kenntnisse aus verschiedenen Disziplinen zusammengeführt: aus der Philosophie, der Sozialanthropologie und den Sozialwissenschaften.[9] Diese Kenntnisse stehen bei Gellner nicht nebeneinander, sondern sie bilden den Nährboden für seine Metaphysik, für sein „model building". Das Originäre an Gellners Nationalismusforschung liegt neben seinem interdisziplinären Wissen in seiner Methodik. Hier erweist sich der Philosoph und Sozialwissenschaftler Gellner als jemand, der keinen Fragen aus dem Weg geht, weil sie nicht in sein Weltbild passen.[10] Als „Aufklärungsfundamentalist" hat sich Gellner selbstironisch bezeichnet. Er ist, wenn man die große Kluft innerhalb der Wissenschaftsgeschichte als den Gegensatz zwischen hegelianisch geprägten Denkern und positivistisch orientierten Denkern darstellt, ein Positivist (nicht im engen Comteschen, aber im weiten Sinne,

---

[9] Ian C. Jarvie hebt hervor, dass Gellner kein positivistischer Scholastiker gewesen sei, sondern ein Philosoph im Sinne der Aufklärungsphilosophie, denn „(...) Gellner's life and work contest the very idea that there is some sustainable contrast between philosophy and sociology. Gellner was first, and in my view is still, a philosopher. That is, he works on philosophical problems, uses philosophical apparatus, and offers a vision of the human condition that is unmistakably philosophical. (...) Gellner's own practice is to treat sociology as a specialised branch of philosophy. The important results achieved in this branch feed back on and alter philosophy as a whole." (Jarvie 1992: 244)

[10] Im Gegensatz zu sich als marxistisch verstehenden Nationalismusforschern, von denen es nicht wenige gibt, ist Gellner nicht bemüht, seine Nationalismustheorie in Einklang mit einer bestimmten Orthodoxie zu bringen. Im Vergleich von Gellners Nationalismustheorie zu anderen Nationalismusforschern werden wir auf diesen Unterschied zurückkommen. Mark Haugaard und Sinisa Malesevic betonen, dass Gellner ein „true academic rebel" gewesen sei, der sich keiner Orthodoxie untergeordnet hätte: „(...) he remained an adamant ontological individualist in his academic, political and, to a certain extent, personal life." (Haugaard/Malesevic 2007: 1)

ebenso wie auch Karl Popper ein Positivist ist).[11] Auch wenn Gellner Poppers Methodik der Falsifikation nahesteht, so teilt er nicht dessen Optimismus hinsichtlich eines antinationalen Kosmopolitismus.[12] Und zwar nicht, weil ihm dieser nicht gefallen würde, sondern, wie wir sehen werden, weil er Nationalismus unter den Bedingungen der Moderne für unausweichlich hält (Vgl. Hall 2010: 89).[13] Gellner hat eine Nationalismustheorie aufgestellt, die falsifizierbar ist und in diesem Sinne der Gegenstand einer Vielzahl von kritischen Diskussionen ist und gewesen ist. So bietet beispielsweise „The State of the Nation – Ernest Gellner and the Theory of Nationalism" von John A. Hall (1998) eine Fülle an kritischen Auseinandersetzungen mit Gellners Theorie.[14]

---

[11] Über den Positivismusstreit zwischen Popper und Adorno hat Gellner einen einschlägigen Artikel geschrieben: „Positivism against Hegelianism". Hier führt er den Beweis, dass Popper, der sich selber als Gegner des Positivismus sah, ein besonders ausgefeilter Positivist gewesen ist: „Popper's philosophy is the most sophisticated formulation of the empiricist/positivist tradition which firmly opts for one cognitive style against its rival." (Gellner 1985: 67) In Anlehnung an Marx könnte man Popper auch als „Positivist in sich" bezeichnen, also als objektiv betrachtet einen Positivisten, der sich seines Positivismus „nicht bewusst ist", der marxistisch ausgedrückt noch kein „Positivist für sich" ist.

[12] Popper scheint der später noch zu diskutierenden Fraktion der liberalen „Dark Gods"-Vertreter anzugehören, denn er sieht Nationalismus als ein atavistisches Stammesbewusstsein (Vgl. Popper 2003b: 62 ff). Er beschäftigt sich in seinen Arbeiten nicht in erster Linie soziologisch mit Nationalismus, sondern beschränkt sich größtenteils auf eine moralische Ablehnung jeglichen Nationalismus. Für ihn sind sowohl die westlich-liberalen als auch die östlich-ethnischen Nationalismen abzulehnen, da jeglicher Nationalismus seinem Ideal der kosmopolitischen Gesellschaft (verkörpert im multitethnischen Habsburgerreich) entgegen steht. Gellner vertritt demgegenüber die Ansicht, dass Nationalismus auf durch die Moderne hervorgebrachten sozio-ökonomischen Veränderungen basiert, insbesondere im Hinblick auf die unter modernen Bedingungen erfolgte veränderte Rolle der Kultur. Mehr zu Popper und Nationalismus findet sich bei Andrew Vincent (2006).

[13] Gellners eigentlicher Unterschied zu Popper liegt im Bereich der Philosophie und Soziologie. Im Gegensatz zu Popper ist Gellner weitaus skeptischer, was die Einschätzung der Fundamente des Rationalismus anbelangt. Popper sieht seinen Kritischen Rationalismus als eine quasi natürliche Erscheinung an, wenn er davon spricht, wie die Welt, angefangen bei der Amöbe bis in die heutige Zeit, immer rationaler geworden sei. Hall schreibt über die Unterschiede zwischen Gellner und Popper: „The difference is really that Gellner's loyality to rationalism stressed its emptiness, its lack of grounding, in contrast to Popper's rather romantic view that critical rationalism was written into the very nature of life. It that sense, Gellner was much more deeply homeless than Popper." (Hall 2010: 381)

[14] Das gleiche trifft auf den von John A. Hall und Ian Jarvie herausgegebenen Band

Das Anliegen der vorliegenden Untersuchung besteht darin, mit Hilfe von Gellners Theorie die Phänomene Nationalstaaten und Nationalismus zu verstehen. Warum ist die moderne Welt eine Welt der Nationalstaaten? Warum ist Nationalismus zum vorrangigen Prinzip politischer Legitimität geworden? Der Hauptakteur in Gellners Nationalismusforschung ist nicht die Welt der Nationalstaaten, also der Bereich der internationalen Beziehungen, sondern die Gesellschaft. Denn das Nationale an den Nationalstaaten lässt sich nur verstehen, wenn die Gesellschaften, die diese politische Form hervorgebracht haben beziehungsweise dabei sind, dies zu tun, untersucht werden. Und Gellner liefert hierzu nicht nur eine äußerst vielschichtige Theorie, sondern bedient sich eines von Klarheit, Tiefsinn und Humor durchdrungenen Stils.[15]

„The Social Philosophy of Ernest Gellner" (1996) zu. In seinem Beitrag schreibt der Politikwissenschaftler Brendan O'Leary, was Gellners Theorie so bedeutsam macht: „The appeal of Ernest Gellner's writings is that they claim to explain why nationalism has become the lay principle of political legitimacy, and for this reason alone they deserve scrutiny by all political scientists." (O'Leary 1996: 71) In seinem 2014 erschienenen Buch „Political Order and Political Decay – from the Industrial Revolution to the Globalisation of Democracy" diskutiert Francis Fukuyama seine Überlegungen zum Nationbuilding vorrangig vor dem Hintergrund von Gellners Nationalismustheorie (Vgl. Fukuyama 2014: 186 ff). Und Perry Anderson vom New Left Review betont: „His work (Gellner's, BTG) contains the boldest and most original theory of nationalism to date. Prompted by his fieldwork in the Third World, it explains the emergence of nationalism as a breakwater of differential industrialisation." (Anderson 1996: 424)

[15] Popper bräuchte bei Gellner, anders als bei Adorno, keine „Übersetzungen" vorzunehmen. Gellner schreibt in seinem Artikel zu Heidegger, dass man diesen nicht der Klarheit bezichtigen könnte. In Gellners eigenem Fall trifft diese „Anschuldigung" jedoch zu. Die Hoch- oder Geringschätzung von Ironie ist natürlich eine kulturell bedingte Angelegenheit und Ironie mag aus diesem Grund nicht jedem/jeder zusagen. Da das Thema Hochkultur im Mittelpunkt der vorliegenden Untersuchung liegt, sei noch angemerkt, dass Gellners Hang zur Ironie sich aus mindestens zwei Quellen speist: der tschechischen und der britischen Kultur. Zu dem tschechischen Einfluss schreibt Gellner: „(...) an utterly prosaic element and humour are indeed very important in Bohemian life, and this reached me through Czech literature (...)." (Gellner 1996: 624)

2 VON KEDOURI INSPIRIERT

Kommen wir zurück zu der einleitend erwähnten Unterscheidung zwischen Modernisten und Primordialisten.[16] Gellner betont in der ersten Darstellung seiner Nationalismustheorie, dass ihn die Arbeiten von Elie Kedourie[17] angeregt hätten, seine eigene Theorie über Nationalismus und das Aufkommen des Nationalstaates zu entwickeln. Kedourie hatte in seinem 1960 erschienenen Buch

---

[16] Primordialisten gehen davon aus, dass Nationen eine lange Vorgeschichte besitzen und quasi organisch gewachsene politische Einheiten bilden. Nationalismus wird von Primordialisten als ein natürliches Phänomen betrachtet. Ihre Überlegungen gehen auf Jean-Jacques Rousseau zurück, der die Rückkehr zur Natur predigte und das städtische Leben verachtete. „Zurück zu den Wurzeln" ist die Ansicht der Primordialisten, und ihr Nationalismus ist organischer Natur. Ihre Sichtweise wird im Rahmen dieser Untersuchung noch eingehender betrachtet. Neben diesem organischen Nationalismus finden sich laut Smith innerhalb des Primordialismus zwei weitere argumentative Strömungen. Einerseits gibt es die soziobiologistisch argumentierenden Verfechter des Primordialismus. Ihr bekanntester Vertreter ist Pierre van den Berghe. Sie vertreten den Standpunkt, dass Nationen, ethnische Gruppen und Rassen sich auf die reproduktiven Instinkte der Menschen zurückführen lassen. Eine andere Strömung innerhalb des Primordialismus wird u.a. von dem amerikanischen Sozialanthropologen Clifford Geertz (1926–2006) vertreten. Geertz und andere gehen davon aus, dass ethnische Gruppen und Nationen sich aus „cultural givens", kulturellen Spezifika, bilden. Damit argumentieren sie eher kulturalistisch als biologistisch. Nichtsdestotrotz beruht Nationalismus auch für sie auf einem Zusammengehörigkeitsgefühl, das van den Berghe als genetisch veranlagt und Geertz als kulturell vermittelt sieht.

[17] Elie Kedourie (1926–1992) war Historiker mit Schwerpunkt Mittlerer Osten und Professor für Politikwissenschaft an der LSE (London School of Economics and Political Science).

„Nationalism" Nationen als Erfindung entlarvt. Genauer gesagt: Für Kedourie entspringt Nationalismus den Vorstellungen von Intellektuellen. Sie sind die Erfinder des Nationalismus. Und die ersten Erfinder nationalistischer Ideen kommen aus dem deutschen Kulturraum. Gellner war von Kedouries Arbeiten tief beeindruckt, denn zuvor hatte noch kein Wissenschaftler so klar und überzeugend den Beweis geführt, dass Nationen erschaffen und nicht etwa erweckt wurden. Das Erwecken der Nation ist die gängige Begründung von Nationalisten für ihren jeweiligen Nationalismus. Kedourie schreibt:

„Nationalism is a doctrine invented in Europe at the beginning of the nineteenth century. (...) Briefly, the doctrine holds that humanity is naturally divided into nations, that nations are known by certain characteristics which can be ascertained, and that the only legitimate type of government is national self-government." (Kedourie 1993: 1)

Kedourie liegt richtig mit seiner Demaskierung des Nationalismus. Aber hat er auch Recht hinsichtlich seiner Analyse der Ursprünge des Nationalismus? Gellner war von Kedouries These, dass Nationalismus eine reine Erfindung von Intellektuellen sei, keineswegs überzeugt.[18] Warum leben wir heute in einer Welt von Nationalstaaten? Weil deutsche Intellektuelle im 19. Jahrhundert ihre nationalistischen Vorstellungen zu Papier gebracht haben? Im Umkehrschluss würde Kedouries These, dass Intellektuelle den Nationalismus erfunden haben, bedeuten, dass uns der Nationalismus und mit ihm die Nationalstaaten erspart geblieben wären, wenn diese Intellektuellen ihre Ideen nicht verbreitet hätten. Gellner betont, dass Intellektuelle nicht nur die nationalistische, sondern eine Reihe von anderen Ideologien verbreitet haben. Warum fiel gerade die nationalistische Ideologie auf fruchtbaren Boden? Nationalismus ist eine Ideologie, die zugleich modern ist und sich thematisch größtenteils vormodern gibt. Die jeweiligen lokalen Bedingungen, unter denen Nationalismus entsteht, sind nach Gellners Auffassung wert untersucht zu werden. Aber die dazugehörigen Doktrinen seien nicht relevant, da sie auf die

---

[18] In „Reply to Critics" schreibt Gellner, dass Kedouries Nationalismusforschung genauso theoretisch wie seine eigene sei. Kenneth Minogue, der wie Kedourie von Michael Oakeshott geprägt ist, hatte Gellner vorgeworfen zu theoretisch zu sein. Während für Kedourie Nationalismus jedoch in erster Linie ideologische Ursachen hat, sieht Gellner Nationalismus als Folge tiefgreifender sozio-ökonomischer Veränderungen an (Gellner 1996: 635).

sozio-ökonomischen Bedingungen keinen Einfluss haben. Gellner sieht im Fall des Nationalismus „pervasive false consciousness" am Werk (Gellner 1983: 124). Der Nationalismus feiert die Volkskultur und die vermeintliche jeweilige historische Kontinuität. Doch seine Funktion besteht darin, eine anonyme Hochkultur zu legitimieren. Nationalismus ist als Phänomen der Moderne erst durch den Bruch in der historischen Kontinuität entstanden, den die Moderne mit sich bringt. Vormoderne Gesellschaften wären für nationalistische Ideologie nicht empfänglich. Nationalistische Ideologie sagt somit viel über rückwärtsgewandte Mythen aus, aber hilft uns nicht zu verstehen, warum Nationalstaatsbildung so relevant unter modernen Bedingungen ist. Die Propheten des Nationalismus sind demnach nicht geeignet, das Phänomen Nationalismus zu erhellen. Gellner fragt sich, ob die Feinde des Nationalismus besseres Material liefern, um Nationalismus zu verstehen. Und er räumt ein, dass sie ein wenig mehr zur Erklärung des Phänomens Nationalismus beitragen, aber dennoch sei Vorsicht angebracht.

Erklärte Feinde des Nationalismus wie Elie Kedourie haben viel dazu beigetragen, die Mythen der Nationalisten offenzulegen. Sie haben gezeigt, dass Nationen und Nationalismus keineswegs „natürliche" Phänomene sind, sondern Konstrukte, die nur unter modernen Bedingungen existieren. Kedourie und andere erklärte Gegner gehen jedoch fälschlicherweise davon aus, dass Nationalismus in erster Linie ein Produkt der Ideengeschichte sei. Damit wäre der Nationalismus ein Zufallsprodukt, welches nur dank der Eloquenz der Nationalisten eine weite Verbreitung gefunden hat. Die Antinationalisten haben recht, dass die gesellschaftliche Organisation von Menschen in großen kulturell homogenen Einheiten keineswegs „naturgegeben" ist, wie die Nationalisten behaupten. Mit Blick auf die Menschheitsgeschichte ist Nationalismus ein Phänomen der Moderne. Nationalismus als Phänomen (nicht als Doktrin) ist an bestimmte soziale Bedingungen geknüpft. Und diese Bedingungen sind die modernen Bedingungen einer Transitions- oder Industriegesellschaft (Gellner 1983: 125):

„The economy is now such as to require sustained and precise communication between all those who take part in it, *and* between them and government." (Gellner 1983: 128).

Damit ist es relevant *geworden*, welcher Hochkultur die Herrschenden angehören. Kedourie stellt hinsichtlich der Machthaber nur die Frage, ob es sich um gute oder schlechte Herrscher handelt. Diese Frage war für die Menschen von Agrargesellschaften vorrangig. Unter den Bedingungen der Industriegesellschaft beziehungsweise der sich entwickelnden Gesellschaft ist die Kulturzugehörigkeit der Herrschenden zum wichtigsten Kriterium für ihre Legitimation geworden:

„The new question is whether the rulers are willing and able to run a mobile society, one in which rulers and ruled can merge and form a cultural continuum.“ (Gellner 1983: 128)

3 FALSCHE THEORIEN

Wie lauten die uns geläufigen Begründungen für Nationalismus? Es sind vier oftmals wiederkehrende Vorstellungen, die Erklärungen für Nationalismus anbieten. Und es handelt sich allesamt um „false theories“ (Gellner):

Nationalismus ist ein universelles Phänomen.

Nationalismus ist ein reines Produkt der Ideengeschichte (Kedourie).

Nationalismus entspringt den dunklen Gottheiten (entweder positiv von Nationalisten oder negativ von Liberalen bewertet).

Nationalismus resultiert aus einem historischen Zustellfehler (Marxismus).

Dass es sich beim Nationalismus und die aus ihm hervorgegangenen Nationalstaaten nicht um ein universelles, sondern ein spezifisch modernes Phänomen handelt, werden wir im Vergleich von Agrar- mit Industriegesellschaften eingehend beleuchten. An dieser Stelle sei darauf hingewiesen, dass es weltweit ca. 7000 Sprachen gibt. Wenn man also vereinfacht Kulturen an Sprachen festmacht, dann ist die Zahl der Kulturen weitaus höher als die der Nationalstaaten, von denen es ca. 200 gibt. Fügt man den formell anerkannten Nationalstaaten noch die vielen nationalistischen Bewegungen hinzu, die bislang nicht erfolgreich waren, dann ist die Zahl der Kulturen, die nach einem eigenen Staat streben, weitaus höher.

Bedeutet dieses Verhältnis, dass die potentiellen Nationalismen den Nährboden für künftige Konflikte bereitstellen? Gellner illustriert mittels einer Analogie zu Sherlock Holmes, was erklärungsbedürftig an diesem Verhältnis ist:

„It was the dog who failed to bark who provided the vital clue for Sherlock Holmes. The number of potential nationalisms which failed to bark is far larger than those which did, though *they* have captured all our attention.“ (Gellner 1983: 43)[19]

So gibt es im Vergleich eine viel größere Anzahl von sich nicht zu Wort meldenden Nationalismen. Die meisten von ihnen zeigen keine Ambitionen, aus ihrer Kultur nationalistische Konsequenzen zu ziehen.

Zu der zweiten Erklärung für Nationalismus, dass es sich beim Nationalismus um eine reine Erfindung von Intellektuellen handelt, hatten wir uns bereits geäußert. Es sei noch angemerkt, dass Gellner Ideen (wie beispielsweise Religionen oder den Marxismus) keineswegs als bloßen Überbau betrachtet. Der Nationalismus ist nach Ansicht von Gellner jedoch kein Phänomen, das mit Hilfe der Auseinandersetzung mit nationalistischen Ideen erhellt werden könne, denn diese Ideen sind nicht universalistisch, sondern spezifisch auf eine bestimmte Kultur zugeschnitten. Somit hat der Nationalismus trotz seiner Relevanz seitens der akademischen politischen Philosophen nicht viel Beachtung gefunden. Dieses fehlende Interesse liegt nach Gellners Ansicht darin begründet, dass es einfach nicht genügend Material an Doktrinen und Texten gibt, an dem politische Philosophen Gefallen finden.[20] Nationalistische Texte und ihre Verfasser[21] sind größtenteils austauschbar und nicht originär:

---

[19] Es handelt sich um die Sherlock-Holmes-Kurzgeschichte „The Silver Blaze“ von Sir Arthur Conan Doyle.

[20] So schreibt Eugene Kamenka über die intellektuelle „Armut“ des Nationalismus: „(...) in pitting emotion against reason, (nationalism) has substituted campfires for learning, demagoguery for argument (...) (it) has stood, and perhaps still stands, at the centre of modern history. Nationalist thinkers do not.“ (Kamenka 1993: 80). Auch Martin Griffiths (1997) sieht die Relevanz des Nationalismus seitens der politischen Theoretiker, insbesondere in seinem Spezialgebiet, in den Internationalen Beziehungen, unterschätzt und führt dies auf den Mangel an qualitativ guten nationalistischen Theoriebeiträgen zurück.

[21] Bei Kohn (1955: 93 ff) als auch Kedourie (2006a) findet sich eine Auswahl an

„The precise doctrines are hardly worth analysing. We seem to be in the presence of a phenomenon which springs directly and inevitably from basic changes in our shared social condition, from changes in the overall relation between society, culture and polity." (Gellner 1983: 124)

Zu der dritten geläufigen Begründung für Nationalismus, die von Gellner „dark gods" genannt wird: Sowohl die Anhänger als auch die Gegner des Nationalismus bieten oftmals die gleiche Erklärung für den Triumph des Nationalismus an. Die Prognosen vom Niedergang des Nationalismus seien deshalb verfehlt gewesen, weil sie die Macht der dunklen atavistischen Kräfte der menschlichen Natur unterschätzt hätten. Seiner Natur gemäß sei der Mensch nicht in erster Linie ein Vernunftwesen, sondern durch seine dunklen Triebe bestimmt. Die Nationalisten bewundern diese dunklen Seiten der Menschen als lebensbejahend, ohne sie wäre das Leben eintönig und grau. Nicht die kalte Vernunft, sondern diese dunklen Triebe würden den Menschen Erfüllung geben. So die Sicht der Nationalisten.

Auch viele Gegner des Nationalismus gehen von der Existenz dunkler Kräfte hinsichtlich der Attraktivität des Nationalismus aus, so beispielsweise Popper. Sie bewerten diese Kräfte jedoch als negativ und zerstörerisch. Sie setzen sich für mehr Vernunft ein. Gemein ist sowohl den Befürwortern als auch Gegnern des Nationalismus, dass sie dunkle Kräfte innerhalb der menschlichen Natur als ursächlich für den Nationalismus ansehen. Und sie sehen beide einen Konflikt zwischen diesen dunklen Kräften, nennen wir sie Gefühle/ Instinkte, und der Vernunft.[22]

---

nationalistischen Texten.

[22] „Dark Gods"-Theorien stellen eine soziobiologische Version der Idee der Ursünde dar. Ein Vertreter dieser Position ist der belgische Sozialwissenschaftler Pierre van den Berghe, der in „The Ethnic Phenomenon" (1981) die These vertritt, dass inter-ethnische Konflikte biosoziale Mechanismen reflektieren. Demnach wird Rassismus als genetische Veranlagung betrachtet. Dass der Mensch ein generelles Bedürfnis nach Zugehörigkeit, nach Identität und damit auch nach Abgrenzung und Ausschluss hat, erklärt jedoch nicht das Phänomen Nationalismus. Denn Nationalismus ist die Loyalität zu einer anonymen Masse von Menschen unter dem Dach einer Hochkultur. Ein aktuelles Beispiel für soziobiologische Erklärungen von Nationalismus findet sich bei dem israelischen Politikwissenschaftler Azar Gat in seinem „Nations – The Long History and Deep Roots of Political Ethnicity and Nationalism" (2012). Auch Gat möchte Nationalismus als ein quasi natürliches soziobiologisches Phänomen verstanden wissen: „(...), major spiritual ideologies

Gellner bemerkt: „(...), man of the age of nationalism is neither nicer nor nastier than men of other ages. There is some slight evidence that he may be nicer. His crimes are equalled by those of other ages. They are more conspicuous only because, precisely, they have become more shocking, and because they are executed with more powerful technological means." (Gellner 1983: 130) Dass die Vorstellung von den dunklen Gottheiten „utter nonsense" (Gellner) ist, hat ihren politischen Erfolg jedoch nicht geschmälert. Gellner betont, dass seine Nationalismustheorie keinen Anspruch erhebt, die mörderischen Exzesse des ideologisch auf dieser Vorstellung beruhenden Nationalsozialismus und Faschismus zu erklären. Seine Theorie bietet eine Erklärung dafür, weshalb es überhaupt Nationalismus gibt. Nichtsdestotrotz liefert Gellner, wie an späterer Stelle angesprochen wird, in seinen Arbeiten eine ideengeschichtliche Einordnung des Nationalsozialismus. Im Gegensatz zu Hannah Arendt zeigt Gellner, dass der Nationalsozialismus auf Themen zurückgriff, die tief in der europäischen Ideengeschichte verwurzelt waren. Arendt hatte in ihren Arbeiten lediglich den Kommunismus als Teil der Ideengeschichte Europas dargestellt und den Nationalsozialismus als ideologisch „wurzellos" porträtiert.[23]

Und damit wären wir bei der vierten falschen Vorstellung über Nationalismus. Es handelt sich um die Theorie des Zustellfehlers, favorisiert von den Marxisten: Ebenso wie radikale Schiiten davon ausgehen, dass der Erzengel Gabriel einen Zustellfehler begangen hat, als er die für Ali bestimmte Nachricht an Mohamed über-mittelte[24],

---

throughout history, concerned by the excesses and pains of sexuality, endeavored to curb or suppress it to the point of denial. Denying the deep roots and immense potency of ethnic and national sentiments, declaring them to be a recent invention, contrived manipulation, or an epiphenomenal expression of something else which can be gotten rid of once that something has been removed, are all ideological precepts which may resonate widely but are unlikely to meet with greater success. Kin-culture identity, solidarity, and cooperation, including their national form, have deep roots in the human psyche and have been among the most powerful forces in human history." (Gat 2012: 395 f)

[23] „In many ways, Arendt's approach is itself quite astonishing, since she is, among other things, trying to defend the relation between Jews and German philosophy against those who would find in German culture and thought the seeds of national socialism." So Judith Butler in ihrem Artikel „Hannah Arendt's challenge to Adolf Eichmann" im Guardian vom 29.8.2011, http://www.theguardian.com/commentisfree/2011/aug/29/hannah-arendt-adolf-eichmann-banality-of-evil, 9.2.2018

so gehen die Marxisten davon aus, dass der Weltgeist oder das menschliche Bewusstsein einen Schnitzer gemacht hat. Denn aus marxistischer Sicht war die revolutionäre Botschaft an *Klassen* adressiert und gelangte fälschlicherweise in die Hände von *Nationen*.[25] Jetzt sind die revolutionären Aktivisten gefordert, diesen Zustellfehler zu beheben und den unberechtigten Empfänger der revolutionären Botschaft davon zu überzeugen, die Botschaft samt ihres

---

[24] Der iranische Autor Amir Taheri schreibt hierzu: „In its extreme versions, Shiism even casts doubt on Muhammad's own version of his prophetic mission. According to Shiite theology, Allah had initially intended to choose Muhammad's cousin, Ali, as Prophet. Archangel Gabriel was dispatched to Arabia to find Ali and deliver the divine message to him. Arriving in Mecca, Gabriel saw two Arabs sleeping side by side on a mat, half dazed by the intense heat. The two were Muhammad and Ali. Gabriel could not tell them apart, as both were roughly the same size and wore similar flowing robes (...). Taking Muhammad to be Ali, the archangel delivered the message to the wrong man. By the time Allah realized that a mistake had been made, it was too late to reshoot the scene, so to speak. Thus Muhammad became the Prophet, with the understanding that the younger man would succeed him as leader of the Islamic *ummah*." (Taheri 2013: 26)

[25] Marx und Engels schreiben über Nationalismus: „Den Kommunisten ist ferner vorgeworfen worden, sie wollten das Vaterland, die Nationalität abschaffen. Die Arbeiter haben kein Vaterland. Man kann ihnen nicht nehmen, was sie nicht haben." (Marx/Engels 2009: 44)

Und in der Auseinandersetzung mit den Ideen von List betont Marx: „Die Nationalität des Arbeiters ist nicht französisch, nicht englisch, nicht deutsch, sie ist die *Arbeit*, das *freie Sklaventum*, die *Selbstverschacherung*. Seine Regierung ist nicht französisch, nicht englisch, nicht deutsch, sie ist das *Kapital*. Seine heimatliche Luft ist nicht die französische, nicht die deutsche, nicht die englische Luft, sie ist die *Fabrikluft*."

(Marx 1845, zitiert nach https://www.marxists.org/deutsch/archiv/marx-engels/1845/list/flist.htm, 9.2.2018) Marx sah ebenso wie die Romantiker, dass Industrialisierung zu enormen gesellschaftlichen Umbrüchen führte. Während die Romantiker auf diese Veränderungen mit Ablehnung reagierten, erblickte Marx in den Umbrüchen der Moderne eine historische Notwendigkeit. Die Romantiker beschworen die lokale Gemeinschaft, Marx beschwor die globale Gemeinschaft, in welcher individuelle Freiheit mit sozialer Harmonie einhergehen würde. Marx' Vorstellungen zum Nationalismus waren im Stil einer Debatte mit Friedrich List verfasst, der wie Marx ein Kritiker der Laissez-faire Ökonomie war. List lehnte im Gegensatz zu den Romantikern und im Einklang mit Marx die Industrialisierung nicht ab. Im Unterschied zu Marx waren für ihn jedoch Nationen und nicht Klassen die relevanten Akteure. List hatte als Nationalist insoweit eine originäre Position, als dass er nicht romantisch argumentierte. Diese Sichtweise war sehr untypisch für Nationalisten im Allgemeinen und insbesondere für deutsche Nationalisten. Ein nationaler Kapitalismus war Lists Vision, ein nationaler Sozialismus war die vorherrschende romantische Vision (Vgl. Szporluk 1988).

revolutionären Potentials an den *eigentlichen* Empfänger zurückzugeben. Gellner merkt an, dass die fehlende Kooperation in dieser Sache sowohl auf Seiten des falschen als auch des rechtmäßigen Empfängers zu großen Irritationen bei den revolutionären Aktivisten führt (Gellner 1983: 129 f).

Inwieweit soziale Ungleichheit bzw. Klassenkonflikte für Gellner eine Rolle im Hinblick auf den Nationalismus spielen, wird im Folgenden noch ausführlich gezeigt werden. An dieser Stelle sei darauf verwiesen, dass Gellner die Vorstellung einer internationalen Arbeitersolidarität allerdings für einen Mythos hält:

„In general, advanced lands do not have any interest in sharing their prosperity with the ill-trained latest arrivals. The solidarity of the working class is a myth. The tomatoes thrown in Algiers at Monsieur Guy Mollet, to bring home to him the need for an illiberal policy, were not thrown by members of the aristocracy, nor even, I believe, of the *haute bourgeoisie*." (Gellner 1964: 167 f)

Es waren die weniger gut situierten Teile der Pied-noirs, der „Algerienfranzosen", die sich gegen eine Liberalisierung der französischen Algerienpolitik wandten. Sie hatten kein Interesse, sich mit ihren muslimischen Genossen zu solidarisieren, sondern fürchteten eher um ihren Status. Im Gegensatz zum Marxismus zeigt Gellner, dass klassenbedingte Konflikte zumeist nur im Falle ihrer Überlappung mit ethnischen Differenzen virulent werden. Wie noch zu diskutieren sein wird, sind im Industriezeitalter der ungleiche Zugang zu moderner Bildung und Macht die ausschlaggebenden Faktoren für gesellschaftliche Konflikte.

4 DAS DREIGESTIRN GESELLSCHAFTLICHER ENTWICKLUNGSSTUFEN

Gellners Theorie fußt auf seiner u.a. in „Plough, Sword and Book" niedergelegten Geschichtsphilosophie.[26] Die Geschichte unterteilt er in drei Teile: Jäger- und Sammlergesellschaften, Agrargesellschaften und Industriegesellschaften.[27]

---

[26] Gellner nennt seine Geschichtsphilosophie beziehungsweise seine Entwicklungstheorie „neo-episodisch" oder auch „gestutzter Evolutionismus" (truncated evolutionism). Die relevante „Episode" ist für ihn die Industrielle Revolution, das Aufkommen der Moderne. Das „Neo" hat er der „Episode" hinzugefügt, um seine Entwicklungstheorie von den Vorstellungen der Aufklärungsphilosophen abzugrenzen. Ebenso wie sie geht Gellner davon aus, dass der Bruch zwischen Vormoderne und Moderne im Mittelpunkt der Geschichtsphilosophie stehen muss. Anders als die Aufklärungsphilosophen ist sein Geschichtsbild jedoch nüchtern. Gellner sieht in der Moderne nicht die Erfüllung aller Hoffnungen. Er schätzt die Errungenschaften der Moderne, aber ist sich im Gegensatz zu den sehr optimistischen Aufklärungsphilosophen auch bewusst, dass moderne Errungenschaften wie die Freiheit des Einzelnen äußerst prekär sind. Indem er sich auf die Seite „neo-episodischer" Entwicklungsvorstellungen stellt, grenzt sich Gellner gegen den zweiten einflussreichen Strang der Fortschrittsvorstellungen, den Evolutionismus (wie beispielsweise den Marxismus), ab. Eine eingehende Auseinandersetzung mit episodischen und evolutionären Entwicklungsvorstellungen findet sich in „Thought and Change" (Gellner 1964: 4 ff) und eine äußerst treffende Charakterisierung des „Evolutionisten" liefert Gellner in „The Soviet and the Savage": „The evolutionist is like a man who habitually uses a lift in a fairly small building, say with five floors, and who is not at all demanding when it comes to explaining the movement of lifts. He tends to take lifts for granted, or be satisfied with a most schematic simple theory of how lifts work. (...) We know that lifts do move: to say so explains nothing." (Gellner 1988b: 8)

Wenn wir uns die Menschheitsgeschichte anschauen, ergibt sich hinsichtlich des Staates folgendes Bild: Jäger- und Sammlergesellschaften besaßen keinen Staat und hatten aufgrund ihrer Organisationsstruktur auch nicht die Option einen solchen zu besitzen. In Agrargesellschaften war der Staat teilweise vorhanden und teilweise nicht vorhanden. Der Staat bildete demnach eine Option in diesen Gesellschaften.[28] Im Hinblick auf Industriegesellschaften ist der Staat keine Option, sondern ein *Muss*, denn Industriegesellschaften sind niemals „staatenlos".

---

[27] Gellner ist davon überzeugt, dass politische Theorie/Philosophie den Bruch zwischen Vormoderne und Moderne zum Kern ihrer Überlegungen machen muss: „It is not the mystical transition from the jungle to social contract which is of interest, but the observable transition from the politics of the field or pasture to the politics of the factory." (Gellner 1964: 38) An anderer Stelle wird er noch deutlicher, was die Relevanz des Bruchs zwischen Vormoderne und Moderne angeht: „A world doomed to starvation, inequality, oppression and superstition (the premodern world, BTG) (...) is totally different from a world in which affluence and liberty are at least possible, and within which there is genuine knowledge, independent of any one tradition and transcending them all. This is by far the most important fact concerning our world, and a social theory which denies it is worthless. Any genuine social theory must start from this point." (Gellner 1996: 625) Der tschechische Soziologe Jiři Musil weist darauf hin, dass Gellner den Gegensatz zwischen Vormoderne/Moderne in seiner Jugend „erfahren" habe, da er einen Teil seiner Kindheit auf dem Land verbracht habe bevor er in die tschechische Metropole gezogen sei. So sei ihm der krasse Gegensatz zwischen beiden Welten schon früh bewusst gewesen: „(...) Gellner's knowledge of Czech agricultural and industrial society – of course deepened by his later anthropological work in Africa – and his knowledge of the contrasts between the two, allowed him to understand better what transpired in European societies from the eighteenth century to the present." (Musil 1996: 43)

[28] Crone betont, dass Agrargesellschaften zwar im Vergleich zu Jäger- und Sammlergesellschaften auf Zwang, auf einer Arbeitsteilung zwischen Produzenten und Machthabern („Experten in Sachen Verteidigung") angewiesen seien, aber die Entwicklung staatlicher Macht sei oftmals extrem langsam erfolgt: „(Es) ist zu bedenken, daß Institutionen Zeit brauchen, um sich durchzusetzen, und noch mehr Zeit, um sich nach ihren eigenen Gesetzen zu entwickeln: Jahrtausende können zwischen dem Aufkommen von Landwirtschaft in einem bestimmten Gebiet und dem Entstehen einer komplexen politischen Organisation vergehen. So blieben viele Teile der vorindustriellen Welt ohne Staatswesen, obwohl sie dazu fähig gewesen wären. Die erste gezielte landwirtschaftliche Nutzung wird für Eurasien um 10.000 v.Chr. im Nahen Osten angenommen, eine komplexe politische Organisation entstand dort jedoch 7000 Jahre später; in Nordeuropa setzten sich erst in den ersten nachchristlichen Jahrhunderten staatliche Strukturen durch." (Crone 1992: 47)

Das Aufkommen des Nationalismus, das Entstehen von Nationalstaaten, in denen Kultur und Macht eine Einheit bilden, ist jedoch in Anbetracht des obigen Dreigestirns gesellschaftlicher Entwicklungsstufen, ein Phänomen der Moderne. Nationalstaaten sind im Zuge der Industrialisierung entstanden. In Agrargesellschaften herrschte kein Nationalismus vor, kein Bestreben nach einer Fusion von politischer Macht mit Kultur. Agrargesellschaften zeichneten sich vielmehr durch das Nebeneinander einer Reihe von lokalen Kulturen aus. Die „Hochkultur", die Schriftkultur, wurde in Agrargesellschaften nur von der Elite, d.h. den politischen und den religiösen Machthabern geteilt. Die Historikerin Patricia Crone spricht deshalb von der Hochkultur als einer „Glasur", die sich auf der jeweiligen Zivilisation befand:

„Unabhängig von ihrer Art bildete jede Hochkultur nur eine dünne Schicht, die sich über große Gebiete erstreckte. Die griechisch-römische Zivilisation reichte vom Rhein bis zum Euphrat, das römische Christentum von Island bis Italien, die islamische Zivilisation von Gibraltar bis zum Indus und sogar noch weiter, die Sanskrit-Kultur erstreckte sich über ganz Indien, mit Auslegern bis nach Indochina, Indonesien und in die malaische Welt; der Konfuzianismus umfaßte ganz China und Teile von Japan, Korea und Vietnam. Die vorindustrielle Kultur war also sehr international (bzw. überregional, da es noch keine Nationen gab). Ein gebildeter Mann konnte über riesige Entfernungen reisen und immer dieselbe Hochsprache sprechen, im selben Ideensystem diskutieren und überall dieselbe Arbeit finden. Doch diese überregionale Kultur erreichte keine vertikale Tiefe." (Crone 1992: 105)

In Agrargesellschaften, die Gellner auch als „agro-literate societies" bezeichnet, besaßen die politischen und religiösen Machthaber zumeist eine andere Kultur und sprachen eine andere Sprache als das Gros der Bevölkerung.[29] Unter diesen Bedingungen hatte der

[29] So verstanden beispielsweise italienische Bauern kein Latein, die Sprache der Elite. Sie hätten bereits Probleme gehabt, den Dialekt außerhalb ihres Wohnortes zu verstehen. Als es 1861 zur Einigung Italiens kam, sprachen nur 2,5 Prozent der Bevölkerung Italienisch (das zuvor als Toskanisch bekannt gewesen war). Die Hälfte der Bevölkerung Italiens beherrschte zu Beginn des 20. Jahrhunderts Italienisch. Crone betont, dass selbst in Frankreich, das schon weitaus länger politisch geeint war, ein Viertel der Bevölkerung im Jahr 1863 noch nicht Französisch sprechen konnte (Vgl. Crone 1992: 105).

Nationalismus als Ideologie keine Anziehungskraft. Attraktiv wird der Nationalismus, die Verschmelzung von Macht und Kultur, mit dem Ende des Agrarzeitalters und dem Beginn des Industriezeitalters.

Schauen wir uns zunächst an, welche Rolle die beiden für den Nationalismus relevanten Komponenten „Kultur und Staat“ in Agrargesellschaften spielten, um dann das Besondere des Phänomens „Nationalismus“ im Kontext von industrieller Entwicklung besser verstehen zu können.

5 KULTUR UND STAAT IN AGRARGESELLSCHAFTEN

Vormoderne Agrargesellschaften bestanden aus einer Mehrheit von agrarischen Produzenten, die beherrscht wurden von einer feudalen und religiösen Minderheit, die laut Crone zumeist weniger als zwei Prozent der Gesamtbevölkerung darstellte. Diese Minderheit war mit der Gewaltausübung, der Aufrechterhaltung der gesellschaftlichen Ordnung und der Kontrolle des offiziellen Glaubens der Gesellschaft beschäftigt.[30] Die agrarischen Produzenten lebten in nach innen gerichteten kleinen kulturellen Gemeinschaften, oder in den bekannten Worten von Karl Marx zeichnete sich das Agrarzeitalter durch „den Idiotismus des Landlebens" aus. Vormoderne Dorfgemeinschaften hatten weder die Mittel für noch den Bedarf nach Schriftkundigkeit oder Kunst oder abstrakter Kommunikation. Die Menschen lebten in stabilen sozialen Kontexten und ihr Leben verlief nach einem sich immer wiederholendem bekannten Muster. Ihre soziale Interaktion beschränkte sich auf einen festen Personenkreis. Somit war ihre Ausdrucksweise, ihre Art zu kommunizieren stets in einen Kontext von persönlichen Beziehungen eingebettet. Kontextfreie Kommunikation wurde von ihnen nicht praktiziert. Diese Art zu kommunizieren war der herrschenden Schicht vorbehalten.[31]

[30] „The general conditions of agrarian society – scarcity, hence competition and conflict, and no escape through growth – all make it exceedingly hard for men to breathe freely." (Gellner 1996: 666) Gellner sucht nach „traces of the escape route from the general gulag of Agraria" (Ebenda).

Eine an den jeweiligen Kontext gebundene Kommunikation ist anthropologisch betrachtet ein Merkmal von Volkskulturen. Demgegenüber ist kontextfreie Kommunikation ein Charakteristikum von Hochkulturen. Hochkulturen verstehen sich als normativ und blicken abschätzig auf die Abweichungen von ihrer Norm, auf die Volkskulturen, herab. Gellner veranschaulicht dieses Verhältnis von Hochkultur zu Volkskulturen anhand des Hochislam versus des Volksislam.

In der Welt des Islam hat es immer einen Konflikt zwischen diesen beiden Ausformungen des Glaubens gegeben. Die Ulama, die muslimischen Schriftgelehrten, verstanden sich stets als die Behüter des wahren Islam, der vor den vielfältigen Formen des Volksislam beschützt werden müsse. Ebenso wie andernorts auch sind in der muslimischen Welt im Zuge der Modernisierung die Lokalkulturen untergraben worden. Das bedeutete den Triumph des reinen, des Hochislam, d.h. des Fundamentalismus, gegenüber dem Volksislam. In der vormodernen Zeit ließen die sozialen Bedingungen es nicht zu, dass die eine Form des Islam die andere dauerhaft beherrschte. Es gab ein ständiges Auf und Ab in der Machtbeziehung zwischen dem in den Städten beheimateten Hochislam und den vielen ländlichen Ausformungen des Volksislam. Im Zuge der Urbanisierung und der Untergrabung der alten sozialen Strukturen kippte das Machtverhältnis zugunsten des Hochislam. Die Moderne hat den Fundamentalismus des Hochislam begünstigt. Diese Form des Islam ist wie zugeschnitten für entwurzelte Sinnsucher und Kritiker einer „Verwestlichung“. Der in der Geschichte der muslimischen Welt enthaltene innere Dschihad zwischen Hoch- und Volksislam konnte demnach nur dank der sozio-ökonomischen Veränderungen so eindeutig zugunsten des Hochislam entschieden werden.[32] Unter vor-

---

[31] Demgegenüber verfügte die religiöse Elite mittels der Schriftkultur über eine kontextfreie Kultur. Schriftliche Überlieferung ist nicht bzw. kaum an einen Kontext oder an eine bestimmte Person gebunden. Es ist der Inhalt, der im Vordergrund steht und der jedem schrift- und sprachkundigen Leser zugänglich ist. So konnten die Scholastiker über jeweilige lokale Kulturgrenzen hinweg diskutieren, da sie in einer gemeinsamen Sprache kommunizierten und des Lesens und Schreibens kundig waren. Eine hervorragende „Anatomie“ der vormodernen Welt bietet die Historikerin und Islamwissenschaftlerin Patricia Crone in „Die vorindustrielle Gesellschaft – Eine Strukturanalyse“ (1992).

[32] Crone betont hinsichtlich des im Zuge der Modernisierung sich veränderten

modernen Bedingungen lief die Beziehung immer auf ein „Patt“ hinaus. Der heutige Fundamentalismus ist demzufolge ein modernes Phänomen:

„Islam is imbued with an internal as well as external missionary zeal, and constitutes a kind of permanent Reformation. The real social circumstances have never allowed this internal jihad to be permanently successful, at any rate until the coming of modern administrative, military and productive technology: these have now enabled the ever-present drive to be, at long last, successful. This is the secret underlying the otherwise puzzling political vigour of contemporary Muslim fundamentalism.“ (Gellner 1994: 39)

Gellner zeigt, dass es in allen vormodernen Kulturen eine Spannung zwischen Hoch- und Volkskultur gegeben hat. Dieses Verhältnis sei zwar im Detail sehr unterschiedlich, ob wir uns beispielsweise die Welt des Islam, des Hinduismus, des Konfuzianismus oder des Christentums anschauen. Aber das Interessante liegt in der über alle Zivilisationsgrenzen hinweg zu beobachtbaren Tatsache, dass im Agrarzeitalter immer zwei Arten von Kulturen gegeneinander standen. Auf der einen Seite die Hochkultur, die eine Schriftkultur mit normativem Anspruch ist und als solche über Bildung vermittelt wird und von ihrem Inhalt her kontextfrei ist. Und auf der anderen Seite finden wir die vielen Ausformungen der Volkskultur. Diese Kultur wird mündlich überliefert und so von der einen an die nächste Generation weitergegeben. Beide Arten von Kulturen entspringen den jeweiligen sozio-ökonomischen Bedingungen:

„Peasants cannot be either scholars or scholastics; they dance, sing and live their culture, but they cannot read or write it. It is not weakness of the flesh, but the demands of the system of social production, reproduction and self-maintenance, which dictate that

Verhältnisses zwischen Hoch- und Volksislam, dass ersterer sich ideologisch als „rein“ präsentiert und den Volksislam als verantwortlich für die negativen Begleiterscheinungen der Modernisierung darstellt: „Demnach kam seine interne Differenzierung in Volksüberlieferung und Gelehrtentradition dem Anpassungsvermögen des Islam in der Tat zustatten. Die Volksüberlieferung läßt sich verwerfen, verantwortlich für kulturelle Rückständigkeit machen oder mit den politischen Machenschaften kolonialer Unterdrücker in Zusammenhang bringen, während die „reinere“ Tradition in ein und demselben Atemzug sowohl mit fernen Ursprüngen als auch mit einer wiedererweckten, glorreichen, modernen Zukunft identifiziert werden kann.“ (Crone 1992: 21) most men fail to fulfil the dominant ideals of their own culture.“ (Gellner 1994: 40)

Die Hochkultur, als deren Träger sich die religiösen Machthaber im vormodernen Europa sahen, war in einer Schrift niedergelegt, die aufgrund des Analphabetismus der Massen nur einer Minderheit zugänglich war. Zudem war die heilige Schrift in einer Fremdsprache verfasst. Aber auch die Gottesdienste wurden auf Latein abgehalten, so dass der Inhalt den Gläubigen auch in der mündlichen Überlieferung fremd war.

Demnach war die vormoderne Gesellschaft durch eine horizontale Schichtung gekennzeichnet: Das Gros der Bevölkerung betrieb Landwirtschaft und ernährte mit dem Überschuss die politische und religiöse Elite mit. Vertikal existierten eine Reihe von Lokalkulturen nebeneinander. Die vielfältigen lokalen Kulturen, die sich in Agrargesellschaften finden, waren in ihrer Reichweite nur auf einen engen Kreis beschränkt. Sie waren an den jeweiligen lokalen Kontext gebunden und wären in einem anderen Kontext unverständlich geblieben. Die Faktoren, welche die Grenzen politischer Macht bestimmten, hatten mit den kulturellen Grenzen zwischen den Lokalkulturen nichts zu tun, und die Grenzen zwischen den Lokalkulturen waren schwer zu ziehen, da es viele Überlappungen gab.

Vereinfacht gesagt lassen sich vormoderne politische Einheiten in drei Gruppierungen aufteilen: lokale selbstverwaltete Gemeinschaften mit einem hohen Grad an politischer Partizipation und einem mittelmäßigen Grad an Ungleichheit, große Imperien, kontrolliert von einer Zentralmacht und eine Kombination von Imperium und lokaler Selbstverwaltung. Letzteres ist die am häufigsten verbreitete politische Struktur von Agrargesellschaften. Das Funktionieren von lokalen Gemeinschaften hängt von dem jeweiligen Kontext ab, von persönlicher Kommunikation zwischen den Gemeinschaftsmitgliedern. Diese Gemeinschaften können ihren politischen Radius nicht besonders stark vergrößern, ohne sich selber extrem zu verändern. Sie sind an den lokalen Kontext gebunden.

Alle Machthaber in Agrargesellschaften zeichneten sich dadurch aus, dass sie sich im Spannungsfeld von lokalen Gemeinschaften (sub-national) und einer übernationalen Gruppe befanden. Die einzigen, die eine Art „Kulturpolitik" verfolgten, waren die Kleriker. Für das Gros der Bevölkerung war unter vormodernen Bedingungen die Frage, welcher Kultur der Herrscher angehörte, vollkommen irrelevant. Für die herrschende Klasse waren sogar fremde Herrscher den einheimischen vorzuziehen:

„It is generally far more acceptable to have an outsider at the top, than to submit to the rival party (clan, baron, or whatnot). Indeed it is generally a condition of having someone at the top at all, that he should not be one of the competing local powers." (Gellner 1964: 152 f).

Was hat sich unter modernen Bedingungen geändert, dass die Kulturzugehörigkeit derart an Relevanz gewonnen hat? Gellner stellt fest, dass sich mit der Industriellen Revolution die gesellschaftliche Situation radikal gewandelt hat. Kontextfreie Kommunikation ist nicht länger das *Privileg* einer Minderheit, sondern ein *Muss* für die gesamte Bevölkerung, denn das allgemeine Beherrschen der jeweiligen nationalen Hochkultur ist *die* Voraussetzung für das Funktionieren dieser neuen Art von Gesellschaft:

„(A) social order is accidentally brought about in which the clerisy does become (...) universal, when literacy is not a specialism but a pre-condition of all other specialisms, and (...) virtually all occupations cease to be hereditary." (Gellner 1983: 18)

6 DIE INDUSTRIEGESELLSCHAFT

Über die Ursprünge der Industriegesellschaft gehen die Meinungen auseinander. Dass ihr Geburtsort in England liegt, ist jedoch unumstritten. Am bekanntesten und meistdiskutiertesten ist die von Max Weber aufgestellte These, dass der Calvinismus den Hauptverantwortlichen für das Ende des Agrarzeitalters und den Beginn des Industriezeitalters darstellt.[33] Es handelte sich um eine äußerst komplexe Transformation innerhalb der englischen Gesellschaft, die nur als Nebenprodukt bestimmter ökonomischer, politischer und

---

[33] Weber hatte in seiner 1904/05 erstmaligen Veröffentlichung von „Die protestantische Ethik und der ‚Geist' des Kapitalismus" (2000) das Aufkommen des industriellen Zeitalters in erster Linie auf politische und weniger auf ökonomische Gründe zurückgeführt. Weber sah das Erklärungsbedürftige des Bruchs mit dem Agrarzeitalter nicht in der Frage, wie es zu Produktivitätssteigerungen gekommen war, sondern weshalb diese neue Entwicklung *politisch* möglich war. Warum verhielten sich die Produzenten so irrational, so gegen die Logik der vorindustriellen politischen Machtkonstellation gerichtet? Weber argumentierte demnach nicht evolutionär, sondern episodisch. Gellner schreibt über die Unterschiede zwischen von Hegel inspirierten evolutionären Entwicklungsvorstellungen (u.a. Marx) und von Weber kommenden episodischen Entwicklungsvorstellungen: „(...) big Hegel/ Weber divide: Hegelians, in this general sense, think of modern society as the oak tree which had ever been firmly inscribed in our shared acorns. It was bound to come (at least in Eurasia) come what may. Weberians think that only a special, contingent social mutation allowed the modern development." (Gellner 1996: 661) Ein Beispiel für hegelianisch-evolutionäre Entwicklungsvorstellungen innerhalb der Entwicklungstheorie sind die Arbeiten des nordamerikanischen Historikers William Hardy McNeill, insbesondere sein erstmalig 1963 erschienenes Buch „The Rise of the West – A History of the Human Community" (1991).

kognitiver Veränderungen gesehen werden kann.[34] Es war keine geplante Entwicklung und auch keine evolutionäre Entwicklung wie sie von Hegel (mit seinem Weltgeist)[35] oder auch Marx (mit seinen Klassenkämpfen) postuliert wurde. Ebenso wie die erste Industrialisierung ein Zufallsprodukt war, waren alle darauf folgenden Industrialisierungen geplant. England hatte sich ungewollt industrialisiert und damit dem Rest der Welt den Status der „Unterentwicklung" beschert.[36]

---

[34] In „Plough, Sword and Book" diskutiert Gellner neben der These Webers, vierzehn weitere mögliche Erklärungsmuster für das Aufkommen der modernen Welt. Es handelt sich um Versuche, das Besondere an der englischen Gesellschaft zu verstehen, die es ihr ermöglichte, dem Agrarzeitalter zu entkommen. Im Anschluss an die Diskussion über Ursprünge des Individualismus, über die Besonderheiten der politischen Landschaft Englands sowie weitere Erklärungsversuche schreibt Gellner: „For connected reasons, it is unlikely that the great transformation could have been, on its *first* occurence, anything other than both unconscious and individualistic. The transformation was too profound, and too contrary and indeed offensive to the established patterns of thought and values, to be understood in advance. Had it been grasped in advance, however hazily, surely the threat it implied to most established interests would have led to a more determined attempt to thwart it. By the time the understanding came, it was too late to try and throttle it." (Gellner 1988a: 171)

[35] Gellner schreibt zum Hegelianismus: „(...), Hegelianism confers metaphysical depths on European history which might otherwise be a mere sordid scramble for power. (...) The *Geist* uses violence and passion in its manipulation of men for its own higher ends, but those higher ends seem impeccably cerebral and orderly. It is a most *bürgerlich* spirit. The *Geist* seems almost to be a Prussian civil servant concerned with the proper management of universal historical development." (Gellner 1979: 21 f). Und zu Hegel: „Hegel is clearly the most megalomaniac of all philosophers, claiming as he does to reveal and to embody the cosmic plot. Like Mohammed, he does not claim divinity, but evidently the godhead speaks through him." (Gellner 1979: 27). Zu Hegels kulturellem Hintergrund: „Hegel may perhaps be the Absolute, but he is also the *Absolute in braces, eating sauerkraut.* This aspect ought not to be wholly neglected. For full local flavour, try humming the italicised phrase to the tune of *Lilli Marlene.*" (Gellner 1979: 28)

[36] Im Hinblick auf entwicklungstheoretische Überlegungen ist es wichtig, bei der Ursachenforschung von industrieller Entwicklung, folgendes im Blick zu haben: Die Bedingungen, die in England zur ersten Industriellen Revolution geführt haben, sind keine entwicklungspolitische „Blaupause" für die „Nachahmer". Entwicklung als Zufallsprodukt (England) sollte getrennt von den Bedingungen nachholender Entwicklung in Europa und dann auch getrennt von den relevanten Faktoren für nachholende Entwicklung außerhalb Europas untersucht werden. Reinhard Bendix schreibt hierzu: „Industrialization can start only once. After that, previous experience influences later efforts. No other country which has begun to industrialize since the 1760s can start where England did. England is, therefore, the

Alle Formen der nachholenden Entwicklung waren jedoch keine historischen Wunder, sondern bewusst herbeigeführte Transformationen. In diesem Sinne fungierten die französischen Aufklärungsphilosophen als erste Verwestlicher, als „Verwestlicher des Westens“. Eine Ursachenforschung hinsichtlich des Aufkommens der Industriegesellschaft kann angesichts der Komplexität der Veränderungen nur darauf beschränkt sein, allgemeine Modellentwürfe der Industrialisierung zu liefern. Gellner betont, dass die Relevanz von Webers These zur protestantischen Ethik neben der Beleuchtung möglicher Ursachen der ersten Industrialisierung in der Reflexion über die Charakteristika der modernen Gesellschaft liegt.

Was sind die Charakteristika der Industriegesellschaft, die sie so deutlich von der Agrargesellschaft abgrenzen? Wie wir hinsichtlich der Agrargesellschaft festgestellt haben, war diese Gesellschaftsform für das Gros der Bevölkerung durch das Nebeneinander von vielfältigen Lokalkulturen, kleinen Gemeinschaften von Agrarproduzenten geprägt. Gemein war allen Agrarproduzenten, dass sie von der herrschenden Klasse ausgebeutet wurden. Ihre Kultur spielte keine politische Rolle, und so war für sie die kulturelle Zugehörigkeit ihrer Herrscher mehr oder minder unbedeutsam. Bedeutsam war, ob der Herrscher eher milde oder eher brutal war. Unter den Bedingungen der Industriegesellschaft gewinnt die kulturelle Zugehörigkeit der politischen Machthaber an Bedeutung und tritt sogar hinter die Frage zurück, ob die politischen Machthaber eher milde oder eher brutal sind. Die Regeln politischer Legitimität haben sich im Zuge der Industrialisierung somit radikal gewandelt.

Kultur ist nicht mehr so selbstverständlich wie die Luft, die man atmet, sondern Kultur wird reflektiert. Lokale Kulturen werden vom „Bulldozer“ einer Hochkultur ihrer Substanz, ihrer Funktion der Untermauerung der sozialen Strukturen, entleert.[37] Lokale Kulturen sind in der modernen Welt immer noch vorhanden, aber im

---

exception rather than the model – in contrast to the view expressed by Marx in his preface to *Capital* (...).“ (Bendix 1984: 102) Vgl. auch Nairn (1977) zu den konkreten Besonderheiten Englands.

[37] Nicos Mouzelis betont hierzu: „Unlike all premodern states (including the absolutist one), the bureaucratic machinery of the nation-state destroyed segmental localism and drew the whole population into broader economic, political and cultural arenas of the national centre (...).“ (Mouzelis 2007: 136).

Vergleich zur vormodernen Situation nur als nostalgische Fassaden. Sie sind nicht länger der vorrangige Stoff aus dem sozialer Zusammenhalt gemacht wird. Die soziale Kohäsion wird unter modernen Vorzeichen national betrieben, indem eine Hochkultur an die Stelle von vielfältigen Lokalkulturen tritt.[38] Das ist die beobachtbare Tatsache, die natürlich nicht dem Selbstbild der Nationalisten entspricht. Nationalisten sind die treibenden Kräfte in diesem Prozess. Sie beschwören eine Gemeinschaft unter dem Dach einer Hochkultur, die es zuvor wenn überhaupt nur als kleinen exklusiven Club gegeben hat, als die feudale und klerikale Glasur von der Crone sprach. Nationalisten sind de facto Modernisierer, indem sie aus vormodernen Gemeinschaften eine moderne Gesellschaft machen. In ihrer Rhetorik sind sie jedoch zumeist nicht modern, sondern populistisch, wenn sie von ihrer jeweiligen Gemeinschaft sprechen. Diese Gemeinschaften hat es in der von den Nationalisten propagierten Form nicht gegeben, sondern nur als Lokalkulturen, die im Zuge der Modernisierung untergraben wurden und von anonymen Gesellschaften im Gewand einer vermeintlichen Gemeinschaft ersetzt wurden.[39]

Im Zuge der industriellen Entwicklung wurden aus den agrarischen Proletariern, den Bauern, Arbeiter, also ein industrielles Proletariat, gemacht. Die Verelendung des frühen Industrieproletariats hat jedoch nicht zu den von Marx prognostizierten proletarischen Revolutionen geführt. Die Lebens- und Arbeitsbedin-

---

[38] In „Thought and Change" zeigt Gellner anhand der Entwicklung Nordafrikas, wie im Zuge der nationalen Unabhängigkeit einheimische Traditionen von den Nationalisten rhetorisch hochgehalten wurden, aber de facto der Arabisierung zum Opfer fielen (Vgl. Gellner 1965: 168 f).

[39] Von Al-Ghazali, einem muslimischen Theologen aus dem 11. Jahrhundert, stammt der im Zusammenhang mit Gemeinschaftsromantik oft zitierte Ausspruch: „The true traditionalist does not know that he is a traditionalist." Der Hang zur Romantisierung des Gemeinschaftslebens kommt nicht von denjenigen, die in diesen Gemeinschaften leben, sondern von denjenigen, die ihre Gemeinschaft „verloren" haben oder als Außenstehende von einer bestimmten Gemeinschaft oder auch von Gemeinschaften im Allgemeinen fasziniert sind. Die Hochachtung für lokale Traditionen ist eine moderne Erscheinung. Hier wird die Form einer Kultur, ihr *Traditionalsein*, d.h. ihre „lange Geschichte", in den Vordergrund gestellt. Traditionell (sic!) wurden Traditionen nicht aufgrund der Tatsache, dass sie Traditionen waren, verteidigt, sondern aufgrund ihres Inhalts, aufgrund ihrer Botschaft, aufgrund ihrer als universell gültig angesehenen „Wahrheit".

gungen der Arbeiter haben sich mit steigendem Entwicklungsstand verbessert. Während die vormoderne Gesellschaft durch ihre Rangordnung gekennzeichnet war, so ist die Industriegesellschaft durch die ökonomisch erforderliche Mobilität geprägt. Subsistenzwirtschaft wird in Industriegesellschaften nicht mehr praktiziert, bis auf wenige Vertreter der Gegenkultur, die einen alternativen Lebensstil bevorzugen. Alle Mitglieder moderner Gesellschaften sind Teil einer Marktwirtschaft, einer Nationalökonomie, in der sie nicht nur Produzenten sind (wie es ihre vormodernen Vorfahren waren), sondern auch Konsumenten, denn sie befinden sich mit allen anderen Mitgliedern der modernen Gesellschaft in einem Geflecht einer komplexen Arbeitsteilung. Die vergleichsweise wenigen Bauern, die es in Industriegesellschaften gibt, sind Landwirte, die sich zumeist auf eine bestimmte Sparte spezialisiert haben. Gemein ist allen Mitgliedern von Industriegesellschaften, dass es ihnen vorgeschrieben ist, sich die Kenntnisse, die in vormoderner Zeit das Privileg einer zumeist klerikalen Minderheit waren, anzueignen. Die allgemeine Schulausbildung ist ein Muss für eine Industriegesellschaft, so dass dem Erziehungswesen eine entscheidende Bedeutung für das Funktionieren der modernen Gesellschaft zukommt. Die Erziehungsaufgabe, das Formen der Gesellschaftsmitglieder zu Inhabern der „konzeptuellen Währung“, geschieht vom Kindergarten bis zur Universität. Die Pyramide der Erziehungsinstitutionen stellt ein Muss für eine funktionierende politische Einheit dar. Kleinere politische Einheiten, die diese Pyramide nicht bereitstellen können, sind nicht in der Lage als moderne Industriegesellschaft zu überleben.[40]

Wenn auch die lokale Akkulturation der Gesellschaftsmitglieder nicht gänzlich wegfällt, so kommt jedoch dem außerhalb der jeweiligen lokalen Ebene liegenden Erziehungsapparat die größere Bedeutung zu. Hier werden Kinder zu modernen Gesellschaftsmitgliedern gemacht. Gellner bemerkt: „At the base of the modern social order stands not the executioner but the professor. Not the guillotine, but

[40] In „Thought and Change“ hebt Gellner hinsichtlich der Relevanz von „Bildung“ hervor: „The minimal requirement for full citizenship, for effective moral membership of a modern community, is literacy. (...) But only a nation-size educational system can produce such full citizens (...). Time was, when the minimal political unit was determined by the preconditions of defence or economy: it is now determined by the precondition of education.“ (Gellner 1965: 159)

the (aptly named) *doctorat d'état* (im Original) is the main tool and symbol of state power. The monopoly of legitimate education is now more important, more central than is the monopoly of legitimate violence.“ (Gellner 1983: 34) Die Wurzeln des Nationalismus sind nach Gellners Ansicht genau hier zu suchen: Nationalismus ist die externe Manifestation einer tiefgehenden Anpassung in der Beziehung zwischen Staat und Kultur, die unter den Bedingungen der modernen Industriegesellschaft unvermeidbar ist (Gellner 1983: 35).

Für die einzelnen Gesellschaftsmitglieder der Industriegesellschaft ist Bildung in vielerlei Hinsicht zu einer wichtigen persönlichen und damit identitätsstiftenden Ressource geworden. Und Bildung bedeutet die Identifikation mit einer Hochkultur, mit derjenigen Kultur, die über die Ausbildung vermittelt wurde. Innerhalb der jeweiligen Hochkultur fühlt sich der/die Einzelne nicht nur in beruflicher Hinsicht zu Hause, sondern auch in moralischer. So findet Modernisierung oder Entwicklung immer in einem nationalen Rahmen statt. Der/die Einzelne wird zum modernen Menschen als Brite, als Franzose, als Deutscher..., und zumeist nicht – wie von den Liberalen des 19. Jahrhunderts erhofft – als Weltbürger. Auf diese Weise wird die im Idiom einer Hochkultur vermittelte moderne Bildung aus individueller Sicht zur wichtigsten Investition und damit identitätsstiftend. Der moderne Mensch ist demnach weder loyal gegenüber einem Monarchen oder gegenüber einem Land oder einem Glauben, sondern gegenüber einer Kultur. Und um gleichberechtigt in einer Gesellschaft zu sein, muss man über die konzeptuelle Währung dieser Gesellschaft verfügen. Das Beherrschen der konzeptuellen Währung alleine ist jedoch nicht ausreichend. Hinzu kommt, dass es in jeder modernen oder sich modernisierenden Gesellschaft aufgrund der Beschwörung der gemeinsamen Hochkultur auch bestimmte Stereotype hinsichtlich der Eigenschaften gibt, die der jeweilige Nationalbürger besitzen sollte. Diese Vorstellungen beispielsweise vom typischen Franzosen führen dazu, dass es zur Ungleichbehandlung von denjenigen Franzosen kommt, die den gängigen Stereotypen nicht entsprechen. So wird von *dem* Franzosen erwartet, dass er atheistisch oder katholisch ist (nicht aber beispielsweise muslimisch). Hochkulturen werden von allen Mitgliedern der Gesellschaft qua Sozialisation und Bildung erlernt. Eigenschaften genetischer oder kultureller Art, die dem jeweiligen nationalen Stereotyp widersprechen, führen oftmals zu Diskriminierung:

„An Englishman is expected not merely to speak the language of Shakespeare, but also to be white – which imposes problems for men who by birth, language and culture are English, but who by pigmentation fail to conform to the expected stereotype. Poles or Croates are meant to be Catholic, Persians are meant to be Shi'ite, Frenchmen are meant to be, not Catholic perhaps, but at any rate *not* Muslim." (Gellner 1994: 42 f)[41]

Gellner betont, dass Identität für das Verständnis menschlichen Verhaltens weitaus wichtiger sei als Bedürfnisse:

„Human beings as such seldom have aims or desires, over and above a certain very basic and coarse minimum: avoidance of physical pain, death, hunger, thirst. Over and above this, the aims they do have are corollaries of the need to play out a given cultural role. Out of that context, their satisfaction is worthless." (Gellner 1996: 628)

Gellner hält die Vorstellung, dass Menschen in erster Linie bestimmte klar umrissene Ziele verfolgen, deren Erfüllung ihnen Zufriedenheit beschert (eine Vorstellung, die insbesondere unter Laissez-faire Ökonomen verbreitet ist) für illusorisch.[42] Das Streben nach materiellem Reichtum, welches in liberalen Industriegesellschaften zur Norm geworden ist, sei deshalb vorherrschend, weil es der alleinige oder vorrangige Weg sei, um in diesen Gesellschaften Anerkennung und Macht zu bekommen. Unabhängig von der jeweiligen Gesellschaftsform steht für Gellner fest, dass wir Rollen spielen und nicht klar isolierte Ziele verfolgen (es sei denn, diese sind Teil der Rolle). Der Unterschied im Hinblick auf Identität zwischen der vormodernen und der modernen Situation liegt darin, dass die

---

[41] Bernard Lewis bemerkte in diesem Zusammenhang zur Türkei: „One may speak of Christian Arabs – but a Christian Turk is an absurdity and a contradiction in terms. Even today, after thirty-five years of the secular Turkish republic, a non-Muslim in Turkey may be called a Turkish citizen, but never a Turk." (Lewis 1968: 15)

[42] Auch unter Laissez-faire Ökonomen wird der Faktor „Kultur" nicht mehr vollkommen ignoriert. So erklärte beispielsweise Alan Greenspan in einer Rede: „Much of what we took for granted in our free market system and assumed to be human nature was not nature at all, but culture." (Greenspan 1997, https://www.federalreserve.gov/boarddocs/speeches/1997/19970610.htm, 9.2.2018)

Menschen in vormoderner Zeit ihre Identität in ihrem Platz innerhalb der gesellschaftlichen Hierarchie hatten. Diese feste Identität wurde durch die jeweilige Kultur noch untermauert, so beispielsweise mittels einer bestimmten Kleiderordnung. Unter solchen Bedingungen kommt es nicht zu Identitätskonflikten. Radikale Veränderungen treten jedoch im Zuge der Moderne auf: Die feste Sitzordnung wird untergraben und an ihre Stelle tritt eine Situation, die laut Gellner dem Spiel „Reise nach Jerusalem“ (auch als „Sesseltanz“ bekannt) nicht unähnlich sei.[43] Die hierarchischen Gesellschaftsstrukturen der Vormoderne wurden zumeist nicht als Unterdrückung empfunden, sondern mehr oder minder als „normal“, als „gottgegeben“. Erst mit der durch die Moderne hervorgerufenen Untergrabung der Strukturen und der aufkommenden Mobilität wurde der vorherige Zustand als Unrecht wahrgenommen: Einerseits da die durch die Mobilität herbeigeführte Gleichberechtigung nun zur neuen Norm wurde und andererseits erschienen im Licht der Moderne die kulturellen Barrieren, die zu vormoderner Zeit so äußerst nützlich waren, um die Hierarchie zu untermauern, nun als archaisch, als nicht länger legitim (Vgl. Gellner 1996: 637).

Die moderne egalitäre Ideologie ist nach Ansicht von Gellner keine hinreichende Erklärung für die im Vergleich zur Agrargesellschaft egalitäre Industriegesellschaft. Es gibt strukturelle Gründe für den krassen Unterschied in punkto Gleichheit zwischen Agrar- und Industriegesellschaften. Für eine hohe Produktivität benötigt man

[43] Diese neue Situation, in welcher der Einzelne keinen festen „Sitzplatz“ hat, kann in den Worten von Émile Durkheim zu „Anomie“, zur Orientierungslosigkeit, führen. Liah Greenfeld hat sich im Rahmen ihrer Nationalismusforschung eingehend mit diesem Problem beschäftigt. Sie schreibt: „Unfortunately all these benefits of nationalism – the dignity, freedom, and equality, both empowering and encouraging the individual to choose what to be – did not come unaccompanied by costs, and for all the enrichment of our life experience contributed by love and happiness, these costs would be impossible to disregard. The liberty to define oneself has made the formation of the individual identity problematic. (...) Modern culture cannot provide individuals within it with consistent guidance, with which other cultures provide its members. By providing *inconsistent* guidance (for we are inevitably guided by our cultural environment), it in fact actively disorients us. Such cultural insufficiency is called *anomie*. Already over a century ago, it was recognized as the most dangerous problem of modernity. For many people, the necessity to costruct one's identity, to choose what to make of oneself, became an unbearable burden.“ (Greenfeld 2013)

eine komplexe und gut durchdachte Arbeitsteilung, die zu mehr Mobilität führt. Und diese Mobilität bringt einen gewissen Egalitarismus mit sich. Die moderne Gesellschaft verfügt also nicht über Mobilität, weil sie egalitär ist, sondern der Egalitarismus entspringt der gesellschaftlichen Mobilität. Und Mobilität stellt aus ökonomischer Sicht ein Muss dar, da sich aus ihr das Wirtschaftswachstum speist.[44] Gellner betont, dass die Ideale *Freiheit, Gleichheit und Brüderlichkeit* in der Realität eher in Form von *Bürokratie, Mobilität und Nationalität* zu finden seien. Auch in der Industriegesellschaft gibt es eine soziale Rangordnung, sie ist jedoch flexibel, wenngleich diese Flexibilität im Vergleich zum modernen Ideal der Gleichheit unvollkommen ist. In der modernen Gesellschaft findet keine Festschreibung von Rollen statt und ihre Mitglieder sind nicht Subjekte eines Herrschers, sondern Bürger eines Nationalstaates. So wie die Reformation die Gläubigen von den klerikalen Mittelsmännern zwischen ihnen und Gott befreien wollte, so ist der moderne Bürger unmittelbar Teil des Nationalstaates. Das Unmittelbare ist ein wichtiges Charakteristikum des Nationalismus.

Émile Durkheim (2007) hat gezeigt, dass sich die Menschen mittels religiöser Vorstellungen unbewußt selbst verehren. Gellner hat Durkheims Religionssoziologie erweitert und sieht im Nationalismus das funktionale Äquivalent zur Religion: Im Rahmen von Nationalismus verehrt eine Kultur sich selbst. Man kann in der direkten Selbstverehrung das dritte Stadium in der normativen Orientierung der Menschheit sehen. Zuallerst haben sich die Menschen mittels polytheistischer Vorstellungen indirekt selbst verehrt. Mit dem Aufkommen des Monotheismus ist die Selbstverehrung dann über die Religion erfolgt. Der Nationalismus des Industriezeitalers stellt demzufolge das funktionale Äquivalent zu animistischen Kulten der Jäger- und Sammlergesellschaften sowie zu den Weltreligionen des Agrarzeitalters dar. Was mittels des Nationalismus verehrt wird, ist zwar die jeweilige Kultur, aber nicht die sozusagen real existierende industrielle anonyme jeweilige Massenkultur, sondern eine romantisch anmutende Volkskultur. Und auf diese Weise feiert sich eine

[44] Ob die soziale Mobilität in der Realität tatsächlich vorhanden ist, ist zweitrangig. Ihre Hauptaufgabe besteht darin, dass sie eine Illusion verkörpert, die von der Gesellschaft anerkannt ist und als solche allerdings nur überleben kann, wenn sie mindestens zu einem Teil in der Realität zu finden ist.

Gesellschaft mittels des Nationalismus selbst, wobei sie dem nationalistischen Selbstbild zufolge davon überzeugt ist eine Gemeinschaft zu sein.

Die Menschen in Industriegesellschaften sind losgelöst von den in der Agrargesellschaft dominierenden Verwandtschaftsbeziehungen, der „Tyrannei der Cousins". Alte Strukturen wie Herkunft, ererbter Reichtum oder Beziehungen sind zwar immer noch bedeutsam, aber sie werden nicht zur Schau gestellt. Im Vordergrund stehen die auf Bildung basierenden gesellschaftlichen Errungenschaften des Einzelnen. Im Agrarzeitalter galten Privilegien als äußerst wichtig und wurden offen präsentiert, wohingegen der moderne Mensch peinlich bemüht ist, seine Errungenschaften als das alleinige Ergebnis seiner eigenen Anstrengungen zu porträtieren, auch wenn bestimmte Privilegien oder Beziehungen einen nicht geringen Anteil an den jeweiligen Errungenschaften hatten. Die Oberfläche der modernen Gesellschaft ist egalitär, karriereorientiert und von einer Arbeitsethik durchdrungen. Unter der Oberfläche werden wichtige Entscheidungen jedoch nach Kriterien getroffen, die nicht selten die Ideale der Oberfläche missachten.

Der enorm kostspielige Erziehungsapparat ist auf eine Organisation angewiesen, die die nötigen Ressourcen für seinen Unterhalt besitzt. Selbst große private Konzerne wären dieser Aufgabe nicht gewachsen. Sie mögen zwar finanzielle Zuschüsse für die Ausbildung des Nachwuchses ihrer Mitarbeiter zur Verfügung stellen, aber wären mit der Aufgabe der kompletten Organisation und Finanzierung von Schulen überfordert. Nur der Staat ist in der Lage diese Infrastruktur bereit zu stellen. Auch wenn teilweise eine Privatisierung von Bildungseinrichtungen stattfindet, so ist der Staat mit der Qualitätskontrolle der jeweiligen Bildungsinstitutionen betraut.[45] Gellner

[45] Von den vielen Idealen, die sich Transformations- und Industriegesellschaften auf die Fahnen schreiben, sticht laut Gellner das Ideal der allgemeinen Bildung deshalb hervor, weil es im Vergleich mit anderen Idealen (wie unabhängige Justiz, Meinungsfreiheit, freie Wahlen etc.) überall tatsächlich ernst genommen wird: „What is so very curious, and highly significant, about the principle of universal and centrally guaranteed education, is that it is an ideal more honoured in the observance than in the breach. In this it is virtually unique among modern ideals; and this calls for an explanation." (Gellner 1983: 28) Als China sich Ende des 19. Jahrhunderts den machtpolitischen Ambitionen der aufgrund ihrer Modernisierung

betont:

„Exo-socialization, the production and reproduction of men outside the local intimate unit, is now the norm, and must be so. The imperative of exo-socialization is the main clue to why state and culture *must* (im Original) now be linked, whereas in the past their connection was thin, fortuitous, varied, loose, and often minimal. Now it is unavoidable. That is what nationalism is about, and why we live in an age of nationalism." (Gellner 1983: 38)

Im Vergleich von Agrar- mit Industriegesellschaften haben wir gezeigt, dass Nationalismus, das Bestreben eine bestimmte Kultur an die Macht zu bringen, ein modernes Phänomen ist. Industrielle Entwicklung vergleicht Gellner mit einer Welle, die verschiedene Regionen zu unterschiedlichen Zeitpunkten trifft. Die ungleichen Entwicklungsstufen sind der Hauptgrund, weshalb es keine weltumspannende Hochkultur mit einer Weltregierung gibt, sondern eine Reihe von Hochkulturen mit jeweils eigenem Nationalstaat nebeneinander existieren. Warum wurden beispielsweise aus dem Habsburgerreich oder dem Ottomanischen Reich keine modernen Nationalstaaten? Warum zerfielen diese großen Reiche in mehrere Nationalstaaten? Laut Gellner ist die ungleiche Entwicklung der Auslöser für dieses Phänomen, das er sehr anschaulich in seiner Parabel „Von Megalomania zu Ruritanien" darstellt.

---

stärkeren europäischen Staaten gegenüber sah, plädierte Cixie, die Adoptivmutter des damaligen Kaisers Guangxu für eine Reform der Bildung: China benötige moderne und weniger konfuzianische Bildung, um sich zu modernisieren und damit machtpolitisch wieder zu erstarken. Vgl. Jung Changs einschlägige Biographie von Cixi „Kaiserinwitwe Cixi – Die Konkubine, die Chinas Weg in die Moderne ebnete" (2014).

7 VON MEGALOMANIA ZU RURITANIEN

Megalomania war ein großes Imperium, in welchem sich neben vielen anderen eine Volkskultur namens Ruritanien befand. Die Ruritarier waren eine bäuerliche Gemeinschaft mit ihrer eigenen ruritanischen Sprache beziehungsweise einander sich ähnelnden ruritanischen Dialekten. Die Herrscher von Megalomania sprachen jedoch eine andere Sprache als die Ruritanier. Ihre Sprache war nicht einmal mit den ruritanischen Dialekten verwandt. Fast alle ruritanischen Bauern gehörten einer Kirche an, die ihre Liturgie in einer Sprache abhielt, die weder von den Ruritaniern gesprochen wurde noch mit derjenigen Sprache der politischen Herrscher verwandt war. Die Kleinhändler in den ruritanischen Kleinstädten entstammten einer anderen ethnischen Gruppe und gehörten einer anderen Religion an als die Ruritanier und wurden von ihnen geächtet.[46]

Die Sorgen und Nöte der ruritanischen Bauern spiegelten sich in ihren vielen Volksliedern wider, die im späten 19. Jahrhundert von

[46] Ein literarisches Beispiel für die Auseinandersetzung mit denen in der Donaumonarchie zu Beginn des 20. Jahrhunderts Fuß fassenden nationalistischen Bestrebungen stellt „Der Oger" von Veza Canetti (1993) dar. Die „Ruritanier" kommen in Canettis Roman aus Bosnien, und sie fühlen sich im modernen „Roten Wien" fremd. Der Kulturschock ist bei Canetti jedoch noch eklatanter als in Gellners Parabel, denn zusätzlich zu dem von Gellner porträtierten Stadt-Land-Konflikt kommt im „Oger" noch der religiöse Graben zwischen Christen und Muslimen hinzu. Die Protagonistin Draga befindet sich im Identitätskonflikt zwischen ihren nostalgischen Gefühlen für ihre bosnische patriarchale Heimat und den Freiheitsrechten, die ihr als Frau in der Metropole Wien offen stehen, aber deren liberale Kultur ihr fremd ist.

den Dorfschullehrern gesammelt und dokumentiert wurden. Während andere Teile Megalomanias im 19. Jahrhundert begannen sich zu industrialisieren, blieb Ruritanien vorerst agrarisch. Aufgrund der wachsenden Bevölkerungszahl waren die Ruritanier gezwungen, ihr Glück in den sich industrialisierenden Teilen Megalomanias zu suchen. Sie wurden zu Arbeitsmigranten und mussten unter den damaligen unwürdigen Bedingungen in den Fabriken der Städte schuften, falls es ihnen überhaupt gelang, eine Beschäftigung zu finden.

Vor ihrer Migration in die Städte war ihnen ihre eigene Kultur nicht bewusst gewesen. Die ruritanische Kultur war ihnen so selbstverständlich wie die Luft zum Atmen gewesen. In der neuen Situation als arme Arbeiter in den städtischen Gebieten Megalomanias wurde ihnen ihr Ruritaniersein jedoch äußerst schmerzhaft bewusst. Sie waren in den industriellen Gebieten nicht nur fremd, sondern aufgrund ihres ruritanischen Dialekts auch auf der untersten sozialen Stufe angesiedelt. Ihre Sprache wurde ihnen zum Hindernis. Wollten sie sich ökonomisch verbessern, so mussten sie Teil der megalomanischen Hochkultur werden, beginnend mit dem Erlernen der Hochsprache. Das neue Bewusstsein ihrer Identität als Ruritanier führte sie jedoch nicht zwangsläufig zur Anpassung an die ihnen bislang fremde Hochkultur. Es stellte sie vor die Wahl zweier möglicher Umgangsweisen mit dem Ruritaniersein: entweder die Idealisierung ihres Ruritaniertums (Ruritanien über alles!) oder die beschriebene Übernahme einer neuen Kultur, das Abschütteln ihres Ruritanierseins zugunsten einer neuen Identität. Ein Teil der migrierten Ruritanier entschied sich für die Assimilation an die megalomanische Hochkultur, um der Diskriminierung zu entkommen. Und ein anderer Teil der migrierten Ruritanier entschied sich für den nationalistischen Weg, für den Kampf um eine eigene ruritanische Nation. Demnach war Nationalismus eine Option für die Ex-Bauern Ruritaniens, es war keine unausweichliche Entwicklung. Angeführt wurde die ruritanische Nationalbewegung von Intellektuellen, während das Gros der Anhänger der Bewegung aus proletarischen Ruritaniern bestand.

Die ruritanischen Intellektuellen waren das Resultat einer höheren Erziehung, die sie aus Ruritanien hinaus in die Bildungseinrichtungen Megalomanias geführt hatte. Die ersten von ihnen waren mit dem Ziel Priester zu werden in die städtischen Schulen Megalomanias geschickt worden. Dort hatten sie die Sprache der Kirche als auch die Sprache der Hochkultur Megalomanias erlernt. Anstatt jedoch eine theologische Laufbahn einzuschlagen, hatten immer mehr Ruritanier nach dem Durchlaufen der schulischen und universitären Bildung den Weg in andere Berufe wie Journalisten, Lehrer oder Hochschulprofessoren gewählt. Unterstützt wurden sie in ihren nationalistischen Bemühungen von nicht-ruritanischen, ausländischen Ethnographen und Historikern, die sich nach Ruritanien aufgemacht hatten, um die ruritanische Kultur zu erforschen. Die wachsende Schulbildung der Ruritanier trug ebenfalls zum nationalistischen Bewusstsein bei. Auf individueller Ebene hatten die Ruritanier die oben erwähnten zwei Möglichkeiten: Nationalismus oder Assimilation. Letzteres war lediglich eine Frage des Erlernens einer neuen Sprache. Ein Ruritanier, der die Sprache Megalomanias beherrschte, unterschied sich nicht von den Megalomanen. Die Ruritanier der zweiten Generation besaßen die gleichen Lebenschancen wie die Megalomanen. Für den einzelnen Ruritanier bestand also nicht die Notwendigkeit, einen nationalistischen Weg einzuschlagen.

Unter der Federführung ruritanischer Intellektueller wurde von vielen dennoch der nationalistische Weg bevorzugt. Sobald die internationale politische Situation günstig war, mündeten die nationalistischen Ambitionen der Ruritanier in einem eigenen Nationalstaat: Ruritanien wurde unabhängig. Gellner sieht für die ruritanischen Intellektuellen konkrete materielle Vorteile durch die Abkoppelung von Megalomania:

„(...), given the at least relative paucity of Ruritanian intellectuals, those Ruritanians who did have higher qualifications secured much better posts in independent Ruritania than most of them could ever have hoped for in Greater Megalomania, where they had to compete with scholastically more developed ethnic groups.“ (Gellner 1983: 61 f)

Diese materiellen Vorzüge sind nach Ansicht von Gellner jedoch nicht ursächlich für das nationalistische Engagement der Intellektuellen. Ihr Nationalismus beruht auf Diskriminierungserfahrungen und einem Hang zur Kulturromantik. Und was sind die Folgen der erfolgreichen Nationalstaatsgründung für die ruritanischen Arbeiter:

„As for the peasants and workers, they did not benefit immediately; but the drawing of a political boundary around the newly defined ethnic Ruritania did mean the eventual fostering and protection of industries in the area, and in the end drastically diminished the need for labour migration from it.“ (Gellner 1983: 62)

Die beschriebene Entwicklung Ruritaniens zum Nationalstaat beruht nach Gellners Ansicht auf einem der zwei Faktoren, die zur Nationalstaatsbildung führen. In diesem Fall war der kulturelle und sprachliche Unterschied der Ruritanier gegenüber den Megalomanen ausschlaggebend für den ruritanischen Nationalismus. Dieser Faktor ist insbesondere kennzeichnend für die Frühphase der Industrialisierung. Er wird von Gellner „das Prinzip der Kommunikationshindernisse“ genannt. Der andere für den Nationalismus förderliche Faktor ist laut Gellner in den „Hindernissen der sozialen Entropie“ zu finden. Obwohl es in Industriegesellschaften den Trend zur Nivellierung gibt, so betont Gellner, dass nichtsdestotrotz einige Unterschiede entgegen diesem Trend sich als sozial und politisch bedeutsam und damit in seinen Worten als "entropieresistent" erwiesen haben. Der Begriff Entropie stammt aus der Thermodynamik und bedeutet das Einebnen von Differenzen. Industriegesellschaften zeichnen sich im Gegensatz zu Agrargesellschaften durch ein hohes Maß an Entropie aus. Dennoch lassen sich Entropieresistenzen beobachten:

„A classification is entropy-resistant if it is based on an attribute which has a marked tendency *not* to become, even with the passage of time since the initial establishment of an industrial society, evenly dispersed throughout the entire society.“ (Gellner 1983: 64)

In Agrargesellschaften waren Klassifizierungen, das Festschreiben bestimmter Rollen anhand von physischen oder kulturellen Unterschieden, äußerst wichtig: So gab es die „natürlichen Herrscher“, die „natürlichen Sklaven“ etc., und von dem Einzelnen wurde erwartet, die jeweiligen Kategorisierungen oder Kasten nicht zu verlassen. Es gab stets neue Klassifizierungen, die bewußt als Instrument der sozialen Kontrolle eingesetzt wurden. Die Entropieresistenz bestimmter Eigenschaften wurde demnach in Agrargesellschaften gefördert, wohingegen sie in Industriegesellschaften hinderlich ist. Gellner illustriert das Problem der Entropieresistenz u.a. anhand des Nordirlandkonfliktes. Der bis vor nicht allzu langer Zeit noch virulente Konflikt zwischen Protestanten und Katholiken in Nordirland war nicht das Resultat von Kommunikationshindernissen, sondern hier spielte die kulturelle Identifikation mit jeweils einer der beiden Konfliktparteien eine entropieresistente Rolle. Idealtypisch betrachet sollte die Industriegesellschaft möglichst entropisch sein, sprich: sie sollte soziologisch gesehen eine mehr oder minder frei zusammengewürfelte Struktur besitzen – im Gegensatz zu der festen gesellschaftlichen Struktur einer Agrargesellschaft. In der Transitionsphase eines Entwicklungslandes treten die idealtypischen Charakteristika einer Industriegesellschaft zumeist nicht in Erscheinung, sondern diese Gesellschaften sind durch krasse Ungleichheiten und nicht relative, sondern absolute Armut gekennzeichnet. Politische Konflikte entstehen, die dann virulent werden, wenn es den Konfliktparteien gelingt, Priviligierte und Unterpriviligierte anhand von Unterschieden sprachlicher, kultureller oder genetischer Art einteilen zu können.[47] Auf diese Weise wird der Konflikt zu einer nationalistischen Angelegenheit.

Die politische Situation zur Zeit der Dekolonialisierung Afrikas verdeutlicht, wie die Diskriminierung von afrikanischen Intellektuellen durch die Kolonialmächte Nationalismus befördert hat. Die nationalistischen Befreiungsbewegungen wurden nicht durch eine gemeinsame Kultur geeinigt, sondern ihre auf kolonialem Rassismus basierenden Diskriminierungserfahrungen bildeten die Grundlage ihres Kampfes für Unabhängigkeit. Trotz gleichwertiger akademischer Qualifikationen hatten schwarze Bewerber in den nahezu ausschließlich weißen Kolonialverwaltungen keine beruflichen Perspek-

[47] Ein weiteres Beispiel für die Entropieresistenz religiöser Identifikationspunkte ist im Zuge der Nationalstaatsbildung in Algerien zu finden. Der Islam wurde hier zur Basis der Nationalität, weil er der gemeinsame Nenner aller unter der Kolonialherrschaft benachteiligten Bewohner Algeriens gewesen ist. Vor der Staatsgründung hatte es keine algerische Nation, sondern nur die weitaus größere Gemeinschaft aller Muslime sowie eine Vielzahl lokaler Gemeinschaften gegeben. Über die kulturellen und sprachlichen Grenzen dieser lokalen Gemeinschaften hinweg, war die einzige als positiv empfundene Gemeinsamkeit der Islam. Der in Algerien vor der Unabhängigkeit praktizierte Islam ist im Zuge der Nationalstaatsbildung jedoch radikal verändert worden: „(...) in the nineteenth century, Algerian Islam with its reverence for holy lineages was for all practical purposes co-extensive with rural shrine and saint cults. In the twentieth century it repudiated all this and identified with a reformist scripturalism, denying the legitimacy of any saintly mediation between man and God. The shrines had defined tribes and tribal boundaries; the scripturalism could and did define a nation." (Gellner 1983: 73)

tiven. Nachdem die Befreiungsbewegungen erfolgreich waren, brachen kulturelle Machtkämpfe innerhalb der neuen Nationalstaaten aus.

8 DIE AKTEURE DES NATIONALISMUS

Schauen wir uns die bereits in der Parabel dargestellten Akteure des Nationalismus näher an. Es sind zwei Gruppen, die sich unter dem nationalen Dach solidarisieren: die Proletarier und die Intelligentsia.

Die Proletarier sind in der Transitionsphase sozial entwurzelt, so dass sie die Erosion der alten Ordnung am stärksten spüren. Oftmals sind sie auch geographisch betrachtet entwurzelt und zu Arbeitsmigranten geworden. Die Intelligentsia sollte nicht gleichgesetzt werden mit „Intellektuellen", wie sie sich auch zu vormoderner Zeit in Gesellschaften gefunden haben. Die Intelligentsia ist ein reines Phänomen der Moderne. In vormoderner Zeit hat es zwar auch Schriftgelehrte gegeben, aber sie fallen nicht unter die Kategorie Intelligentsia. Was ist die Intelligentsia? Sie ist eine Gruppierung oder Klasse, die von ihrer eigenen Gesellschaft aufgrund ihrer Bildung entfremdet ist. In einer Transitionsgesellschaft gilt die westlich-orientierte Bildung, auch wenn dies nicht immer gerne offen zugegeben wird, als die beste Bildung. Aber genau diese Bildung entfremdet die Mitglieder traditionaler Gesellschaften von ihrer alten Art zu denken, zu fühlen und zu handeln. Sie mögen sich zwar im Stil von Lawrence von Arabien zwischen beiden Welten bewegen, aber das ändert nichts an ihrer Entfremdung. Vormoderne Gesellschaften sind sowohl aus subjektiver als auch objektiver Sicht nicht mehr überlebensfähig. Ihre Normen sind untergraben worden, sie können nicht mehr wie früher, als die moderne Welt noch nicht bekannt war, internalisiert werden. Und ihre Strukturen sind im Kontakt mit modernen Institutionen ebenfalls nicht mehr zukunftsträchtig, da sie nicht den Erfordernissen einer modernen Industriegesellschaft entsprechen. Diese Tatsache ist denjenigen bewusst, die eine moderne Bildung erhalten haben und damit in ihren unterentwickelten Heimatländern zur Intelligentsia geworden sind. Im Unterschied zu den Schriftgelehrten oder Intellektuellen der Agrargesellschaften untermauert die Intelligentsia nicht die herrschende Ordnung, sondern trägt zum Untergraben der alten Ordnung bei:

„The skills and faiths of the intelligentsia, (...), entail a *rejection*." (Gellner 1965: 170)

Indem sie über modernes Wissen verfügen, sind sie sich bewusst, dass nur sie allein in der Lage sind, die Transitionsgesellschaft zu „entwickeln". Die erste Intelligentsia waren die französischen Aufklärungsphilosophen, die „Westernisers of the West". Sie orientierten sich an England, dem ersten Industrieland. Die Modernisierungswelle rollte dann weiter durch Europa, wo sie im 19. Jahrhundert auf Russland hineinbrach und schließlich im 20. Jahrhundert die Dritte Welt überschwemmte. Die jeweilige Intelligentsia, die in den Transitionsgesellschaften entstand, bestand jedoch zumeist nicht aus bekennenden Verwestlichern. Sie waren und sind größtenteils dem eigenen Bekunden und Gebären nach Narodniki. Die Bezeichnung Narodniki stammt ebenso wie der Begriff Intelligentsia aus dem Russland des 19. Jahrhunderts. Die Narodniki entsprechen den Romantikern, wie wir sie an anderer Stelle noch diskutieren werden. Die Romantiker wandten sich gegen die Aufklärer oder Rationalisten, ebenso wie die Narodniki sich gegen die Verwestlicher wandten. Narodniki (abgeleitet von dem russischen „narod", Volk) möchten zurück zum Volk und seinen Werten. Sie stellen der Verwestlichung die von ihnen idealisierte Welt des einfachen Volkes, zumeist der Bauern, gegenüber. Gellner betont, dass die meisten nationalistischen Bewegungen beide Elemente beinhalten würden: also einerseits eine Modernisierung und andererseits ein mehr oder minder stark bekundetes Interesse an ihrer jeweiligen lokalen Kultur. Im Hinblick auf die Intelligentsia der Dritten Welt schreibt Gellner:

„By the twentieth century, the dilemma hardly bothers anyone: the philosopher-kings of the ‚underdeveloped' world all act as westernisers, and all talk like *narodniks*." (Gellner 1965: 171)

Beide Akteure, Intelligentsia und Proletarier, sind für eine nationale Unabhängigkeitsbewegung relevant. Was bedeutet das Erreichen dieses politischen Ziels für die beiden Gruppen? Für die Intelligentsia ergeben sich nach der Unabhängigkeit zahlreiche gut dotierte Stellen, die sie untereinander aufteilen können ohne mit vielen anderen Anwärtern konkurrieren zu müssen. Je kleiner die Intelligentsia, umso besser für ihre Mitglieder, denn auf diese Weise gibt es weniger Konkurrenz. Ausländische Konkurrenz ist mehr oder minder ausgeschaltet, denn das neue nationale Gebilde bevorzugt Vertreter der einheimischen frisch gebackenen Hochkultur. Ausländer mögen als (kurzfristige) Berater in Betracht gezogen werden, aber nicht als ebenbürtige Kandidaten auf dem neu geschaffenen Arbeitsmarkt. Für die Proletarier sieht die Situation nach dem oft hart errungenen Sieg der nationalen Unabhängigkeit weniger rosig aus. Nicht gut dotierte Stellen warten auf sie, sondern sie erfahren häufig eher eine Kontinuität ihrer Misere, wenn nicht gar eine Verschärfung ihrer schlechten Arbeits- und Lebensbedingungen (Gellner 1965: 169).

9 TYPOLOGIE DER NATIONALISMEN

Die Parabel von Megalomania und Ruritanien hat bereits veranschaulicht, aus welchen Gründen es im Zuge der Industrialisierung in multiethnischen Staaten zu Nationalismus in Form der Abspaltung kommt. Es gibt jedoch eine Reihe anderer gesellschaftlicher Situationen, in denen sich Gesellschaften vor, nach oder auf dem Weg der Modernisierung befinden. Gellner hat in „Nations and Nationalism“ eine Typologie aufgestellt, um zu erfassen, welche Gesellschaftsformationen „nationalismusanfällig“ sind. Wie wir in der bisherigen Diskussion seiner Theorie gesehen haben, sind laut Gellner drei Faktoren für das Verständnis von Nationalismus besonders wichtig. Es handelt sich um Kultur, Macht und Bildung. Gellner hat diese Komponenten in ein Modell „gegossen“, mit dessen Hilfe wir verstehen können, unter welchen Bedingungen Nationalismus virulent wird. Bevor wir uns der Gellnerschen Typologie zuwenden, wollen wir in einem Zwischenschritt einen Blick auf ein vereinfachtes Modell werfen, in welchem der Faktor Kultur keine Berücksichtigung findet. Das vereinfachte Modell ermöglicht uns die jeweilige Rolle, die die drei Faktoren im Hinblick auf Nationalismus spielen, besser einschätzen zu können.

Welche gesellschaftlichen Konstellationen sind möglich, wenn wir Gesellschaften unter dem Blickwinkel von „Macht“ und „Bildung“ betrachten. „Macht“ wird in dem Modell auf zweierlei Art ausgedrückt: als „Machthaber“ und „Machtlose". In Anlehnung an die bisherige Darstellung kann man auch von Herrschern versus Bevölkerung sprechen. „Bildung" steht für den Zugang zu modernem Wissen: entweder ist man (im modernen Sinne) gebildet/ausgebildet oder nicht.

Es geht also um folgende Komponenten:

Macht: Machthaber vs. „der Rest"
Bildung: gebildet vs. ohne moderne Bildung

Anhand dieser zwei Faktoren skizziert Gellner vier mögliche gesellschaftliche Szenarien:

Die Machthaber nutzen ihren Status, um auch den Zugang zu Bildung für sich zu ermöglichen. Die Arbeitsmigranten sind demgegenüber machtlos und fremd hinsichtlich der Hochkultur. Sie sind die von Marx beschriebenen frühen Proletarier. Diese Situation entspricht der frühen Industrialisierung wie beschrieben in Megalomania-Ruritanien.

Der heutige Spätkapitalismus stellt die zweite Situation dar: Macht ist ungleich verteilt, aber Bildung durchzieht die gesamte Gesellschaft. Bildung ist nicht mehr etwas Elitäres, sondern es ist die „konzeptuelle Währung", die jeder Staatsbürger in sich trägt. Soziale Unterschiede sind geringer geworden. Ausgeschlossen aus dieser Gesellschaftsstruktur sind diejenigen, die nicht über die „konzeptuelle Währung" verfügen, so beispielsweise Flüchtlinge.

Das dritte Szenario erscheint auf den ersten Blick etwas unwahrscheinlich: Die Machthaber verfügen nicht über Bildung und sind damit nicht in der Lage, sich bestimmte neue Fähigkeiten anzueignen. Diese Situation ist jedoch keineswegs ungewöhnlich, sondern trifft auf viele Agrargesellschaften zu. Herrscher in Agrargesellschaften hatten zumeist nicht „Bildung" auf ihrer Prioritätenliste stehen. „Kämpfe und Spiele" entsprachen eher ihrem Ethos. Mit Bildung assoziierte Eigenschaften wie systematisiertes Vorgehen, Zeitbudgetierung, Buchstudium und Wirtschaftlichkeit sagten den an Kampf und Genuss orientierten Machthabern nicht zu. Damit verkörperten sie das Gegenbild zu Max Webers protestantischer Ethik. Welcher Teil des machtlosen Rests verfügt über die Ressource Bildung? Es ist ein kleiner urbanisierter und oftmals geächteter Teil der Gesellschaft, der die passenden Voraussetzungen für kommerzielle und intellektuelle Tätigkeiten besitzt. Im Zuge des Umbruchs der alten agrarischen Ordnung und der Entwicklung hin zur Industriegesellschaft wird das alte Ethos den Herrschenden jedoch zum Hindernis, während die Fähigkeiten der geächteten Minderheit sich als entwicklungsfördernd erweisen:

„The counting house becomes more powerful than the sword. The single-minded use of the sword no longer takes you very far." (Gellner 1983: 91 f)

Oftmals hat es sich für die Herrschenden als psychologisch äußerst schwierig erwiesen, den Wandel vom Ethos des Schwertes zu dem des Büros zu vollziehen. Gellner benennt die Herrscher Preußens und Japans als Ausnahmen, denen es gelungen sei, sich an die moderne Welt relativ schnell anzupassen. Dem Gros der alten Eliten gelingt diese Transformation jedoch nicht so schnell, so dass sich die beschriebene Situation ergibt: Machthaber finden sich einer machtlosen Minderheit gegenüber, die qua ihrer Bildung bestens für die Transition zur Industriegesellschaft ausgestattet ist.

Und das vierte Szenario sieht so aus: Weder Machthaber noch „der Rest" verfügen über moderne Bildung. Diese Situation ist typisch für eine stagnierende Agrargesellschaft, die nicht in Kontakt mit Industriegesellschaften gekommen ist. In dieser Gesellschaft sind sowohl Herrschende als auch Beherrschte vom Status quo als „naturgegeben" überzeugt und hegen keine Gedanken über die potentielle Entwicklung ihrer Gesellschaft.

So sehen die vier möglichen Konstellationen an Gesellschaftsordnungen im Hinblick auf Macht und Zugang zu Bildung aus. Demnach kann Nationalismus nur dann in Erscheinung treten, wenn es zu Modernisierungsprozessen kommt oder wenn ein Teil der Gesellschaft Zugang zu moderner Bildung hat. Ein entscheidender Faktor fehlt noch für das Verständnis des Nationalismus: Identität oder kulturelle Diversität.

Bevor wir den Faktor Kultur in die hier vorgestellten vier Szenarien einfügen, sei darauf verwiesen, dass „Kultur" in diesem Zusammenhang im anthropologischen und nicht im normativen Sinne verstanden wird. Anthropologisch betrachtet steht „Kultur" (im Gegensatz zu „Struktur") für die Art und Weise wie sich eine

Gemeinschaft von Menschen verhält und kommuniziert. Demgegenüber steht Kultur normativ verstanden für „Hochkultur", also eine über die Gemeinschaften hinaus gehende Kultur mit ihren eigenen Normen, über deren Einhaltung eine Gruppe von „Norm-Spezialisten" wacht. Hochkulturen sind immer Schriftkulturen.

Im Folgenden wird „Zugang zu Kultur" nicht als Zugang zu einer Hochkultur begriffen (den man sich erwerben kann), sondern anthropologisch wie soeben beschrieben als Zugehörigkeit zu einer Kultur gesehen, die Außenstehenden qua ihrer Zugehörigkeit zu ihrer eigenen Kultur verwehrt ist. Über Bildung kann man sich den Zugang zu einer Hochkultur verschaffen, aber der Zugang zu einer durch die Sozialisation internalisierten Kultur ist nicht „erwerblich".

Um die Typologisierung der Nationalismen möglichst einfach darzustellen, fügt Gellner „Kultur" als „Kultur A" und „Kultur B" hinzu. In der Realität gibt es natürlich oftmals mehr als zwei Kulturen, aber in dem Modell geht es darum, Unterschiede aufzuzeigen zwischen kultureller Einheit und kultureller Vielfalt in Gesellschaften. Für dieses Anliegen reicht es aus, sich auf zwei Kulturen, also A und B, zu beschränken.

Unter Hinzufügung des Faktors „Kultur" vergrößern sich die zuvor vier möglichen Szenarien auf acht.

In den Szenarien (siehe Grafik 1, S. 53), in welchen es eine homogene gesellschaftliche Struktur gibt, also nur Kultur A vorhanden ist, gibt es keinen Drang zum Nationalismus. Die These ist, dass kulturelle Differenz zwischen gesellschaftlichen Gruppen Nationalismus erst hervorbringt. Der im vorherigen Modell sich als relevant erwiesene Faktor muss natürlich ebenfalls gegeben sein: Modernisierungsprozesse müssen stattfinden. In kulturell homogenen Gesellschaften mögen Konflikte auftauchen, aber virulenter Nationalismus scheint kausal mit dem Vorhandensein verschiedener Kulturen in einer sich modernisierenden oder modernen Gesellschaft verbunden zu sein. Die kulturelle Differenz liefert in diesen Fällen das Markierungsmittel für klassenbedingte Konflikte. Wenn der „Klassenfeind" ethnisch identifizierbar erscheint, kommt es zu Klassenkonflikten. Gellners These lautet: „Klassen ohne kulturelle Differenz sind blind. Ethnizität ohne Klassen ist bedeutungslos..."

(Gellner 1999: 105). So war die frühe Industrialisierung durch Klassenkonflikte, wie von Marx, Toqueville u. a. beschrieben, gekennzeichnet, aber ihr Eskalationspotential hat sich nicht, wie von Marx erhofft und von Toqueville gefürchtet, erweitert. Die Klassenkonflikte der frühen Industrialisierung sind abgeebbt.

Arbeiter sind nach marxistischer Auffassung qua Klassenzugehörigkeit vaterlandslos. Auch haben sie marxistisch betrachtet keine Kultur, die sie von anderen Arbeitern, wie Migranten, trennen würde. Und ebenso hat Rassismus unter Arbeitern keinen Platz. Was aus marxistischer Sicht zählt, sind ausschließlich die Klassengegensätze. Gellner bemerkt hierzu:

„Unfortunately the workers generally appear to be unaware of these interesting and liberating sensitivity-deprivations – though not for any lack of being told of them." (Gellner 1983: 94)

Von den acht dargestellten Szenarien sind drei anfällig für virulenten Nationalismus. Die anderen fünf Szenarien führen nicht zu nationalistischen Konflikten. Der Hauptfaktor für das Aufkommen des Nationalismus liegt in Konfliktlinien entlang kultureller Unterschiede begründet. Schauen wir uns die Typologie genauer an.

Das erste Szenario entspricht der Frühindustrialisierung, ohne dass der Faktor Ethnizität relevant wird. Der Zugang zu moderner Bildung steht nur den Machthabern offen. Da es kulturelle Homogenität gibt, kommt es nicht zu den von Marx erwarteten gewaltsamen Klassenkonflikten.

Das zweite Szenario stellt die Habsburger Situation dar, wie sie sich auch in „Megalomania – Ruritanien" wiederfindet. Wie im ersten Szenario ist der Zugang zu moderner Bildung auf die politisch Mächtigen beschränkt. Im Unterschied zu dem ersten Szenario ist die Gesellschaft jedoch nicht kulturell homogen, sondern Machthaber und Machtlose gehören verschiedenen Kulturen an. Diese Kombination bringt Nationalismus hervor.

Szenario	Macht	ohne Macht	Ergebnis
	Bildung	**Keine Bildung**	
1	Kultur A	Kultur A	Frühindustrialisierung ohne ethnischen „Katalysator“
2	Kultur A	Kultur B	***Habsburger Situation – ethnischer Nationalismus***
	Bildung	**Bildung**	
3	Kultur A	Kultur A	Etablierter Nationalismus im Industrieland
4	Kultur A	Kultur B	***Klassischer liberaler westlicher Nationalismus***
	Keine Bildung	**Bildung**	
5	Kultur A	Kultur A	Dezembrisch-revolutionäre Situation, nicht-nationalistisch
6	Kultur A	Kultur B	***Diaspora-Nationalismus***
	Keine Bildung	**Keine Bildung**	
7	Kultur A	Kultur A	Untypische vormoderne Konstellation
8	Kultur A	Kultur B	Typische vormoderne Situation

Grafik 1: erstellt in Anlehnung an Gellners „Figure 2 – A typology of nationalism-engendering and nationalism-thwarting social situations“ (Gellner 1983: 94)

Der ausgereifte Spätkapitalismus ist in Szenario 3 dargestellt. Es gibt kulturelle Homogenität und alle, Machthaber und der Rest, haben Zugang zu moderner Bildung. Nationalismus ist hier nicht virulent. Diese Situation trifft auf die Industrieländer zu.

Im nächsten Szenario, dem vierten, haben ebenfalls sowohl

Machthaber als auch der Rest Zugang zu moderner Bildung, aber es gibt keine kulturelle Homogenität, denn die Machthaber unterscheiden sich kulturell von der Bevölkerung. Diese Situation ist förderlich für Nationalismus. Deutschland und Italien im 19. Jahrhundert sind Beispiele für dieses Szenario. Gellner nennt es auch „classical liberal Western nationalism" (Gellner 1983: 94).

Das fünfte Szenario wird von Gellner als „Decembrist revolutionary but not nationalist situation" (Gellner 1983: 94) bezeichnet. Es entspricht der Situation zur Zeit der Russischen Revolution. Hier liegt kulturelle Homogenität vor. Es ist der Faktor „Zugang zu Bildung", der in diesem Fall äußerst wichtig ist. Die Machthaber verfügen nicht über moderne Bildung, während ein Teil der kulturell homogenen Gesellschaft Zugang zu moderner Bildung hat und beginnt, revolutionäre Ambitionen zu hegen.

Die Machthaber haben im sechsten Szenario ebenfalls kein Interesse an moderner Bildung. In diesem Szenario findet sich jedoch keine kulturelle Homogenität, sondern eine urbanisierte kulturelle Minderheit verfügt über den Zugang zu moderner Bildung. Damit steht diese Minderheit in der „Schusslinie" der entwurzelten Ex-Bauern, die die Minderheit als Verkörperung der Moderne sehen. Ein Teil der geächteten Minderheit reagiert auf diese Situation mit nationalistischen Bestrebungen. Gellner spricht von „diaspora nationalism" (Gellner 1983: 94). Der Zionismus ist das bekannteste Beispiel für diese Form des Nationalismus.[48]

Die beiden letzten Szenarien fallen in das vormoderne Zeitalter, da hier niemand Zugang zu moderner Bildung hat. So ist in Szenario 7 die Gesellschaft kulturell homogen, was eine eher untypische vormoderne Situation darstellt.[49] Demgegenüber handelt es sich beim achten Szenario um eine typische vormoderne Situation: Keiner hat Zugang zu moderner Bildung, und die Gesellschaft beherbergt mehrere Kulturen.

---

[48] Andere Beispiele für Diaspora-Nationalismus stellen Griechen, Armenier sowie Chinesen und Inder (dort wo sie Minderheiten sind) dar.

[49] Beispiele für dieses eher ungewöhnliche Szenario von vormodernen Gesellschaften mit kultureller Homogenität sind Island, Korea, Thailand und Japan (Vgl. O'Leary 1998: 48).

Im Gegensatz zum Marxismus zeigt Gellner, dass klassenbedingte Konflikte nur im Falle ihrer Überlappung mit ethnischen Differenzen virulent werden. Der ungleiche Zugang zu moderner Bildung und Macht sind die ausschlaggebenden Faktoren für gesellschaftliche Konflikte. Während Marx von sich im Laufe der Entwicklung des Kapitalismus zuspitzenden Klassenkonflikten ausgegangen war, liefert die Typologie von Gellner die gegenteilige These: Konflikte sind in der Frühphase der Modernisierung virulent und tendieren dazu mit steigender industrieller Entwicklung abzunehmen. Gellner findet den Begriff „Industrialisierung" passender als den von den Marxisten favorisierten „Kapitalismus", da die Frage danach, wer das Kapital kontrolliere, im Zuge der voranschreitenden Industrialisierung an Relevanz verloren habe. Der Zugang zu moderner Bildung ist laut Gellner der entscheidende Faktor für die Chancen des Einzelnen in Industriegesellschaften. In punkto Bildung gelingt es gut ausgestatteten Minderheiten, wie beispielsweise Chinesen in vielen asiatischen Ländern, trotz ihres fehlenden Kapitals und ihrer Außenseiterrolle, ökonomisch erfolgreich zu sein. „Humankapital" ist im Vergleich zum klassischen „Kapital" wichtiger geworden. Eine Vielzahl von Beispielen für ökonomisch erfolgreiche Minderheiten finden sich in dem Buch „World on Fire" (2003) der amerikanischen Sozialwissenschaftlerin Amy Chua. Die Autorin beschreibt anschaulich, welche politische Sprengkraft Demokratisierungsprozesse in denjenigen Ländern haben, in denen es ökonomisch erfolgreiche Minderheiten gibt und bestätigt damit Gellners These.

Rekapitulieren wir: Die drei in Gellners Nationalismustheorie wichtigen Faktoren sind Macht, Bildung und gemeinsame Kultur. Nationalismus hat dann keine Chance, wenn es keine kulturellen Differenzen gibt und wenn der Zugang zu moderner Bildung fehlt.

In „Nationalismus, Kultur und Macht" hat Gellner im Hinblick auf die Entwicklung der Nationalstaaten in Europa ein weiteres Modell, und zwar sein Zeitzonen-Modell entworfen. Damit geht er auf die verschiedenen Schattierungen des Nationalismus innerhalb der europäischen Entwicklung ein und erläutert zudem, wieso Nationalismus in der muslimischen Welt von einer anderen Ideologie dominiert wurde.

10 NATIONALISMUS IN EUROPA UND DARÜBER HINAUS – GELLNERS ZEITZONEN

Gellner teilt die Unterschiede des Nationalismus in Europa in Zeitzonen nationalistischer Entwicklung ein und nennt seine Zeitzonen auch „Die Ehe zwischen Staat und Kultur“. Diese Liaison zwischen Staat und Kultur hat seiner Überzeugung nach drei oder vier Facetten in Europa aufzuweisen. Gellner vergleicht die Unterschiede anhand von Zeitzonen, die sich von Norden nach Süden ostwärts erstrecken.

In der Zone 1 befinden sich die westlichen dynastischen Staaten. Diese Staaten entlang der Atlantikküste sind hinsichtlich der im Zuge des Zeitalters des Nationalismus erfolgten Fusion von Staat und Kultur am „glücklichsten“. Portugal, Spanien, Frankreich und Großbritannien waren durch starke dynastische Staaten bereits vor dem Aufkommen der Nationalstaaten gekennzeichnet. Lediglich die Staatsgründung der Republik Irland fällt innerhalb dieser Zone aus dem Rahmen. Insgesamt betrachtet waren die kulturellen Unterschiede in dieser Zone eher zwischen sozialen Gruppen als zwischen geographischen Gebieten zu finden. So wurde im Zuge der Modernisierung die jeweilige Bevölkerung in die Hochkultur eingebunden, ohne dass es viele Unklarheiten bezüglich der nationalen Zugehörigkeit gegeben hätte. Die dynastischen Strukturen konnten in das Zeitalter des Nationalismus übertragen werden.

Östlich der dynastischen atlantischen Staaten liegt die nächste

Zone auf dem Gebiet des früheren Heiligen Römischen Reiches. Gellner beschreibt diese Zone 2 als „Hochkulturen auf der Suche nach ihrem Staat". Die zwei wichtigsten Repräsentanten dieser Zone sind Deutschland und Italien. Beide Länder verfügten schon lange über ihre jeweilige Hochkultur, aber der dazugehörige Staat musste im Zeitalter des Nationalismus noch gefunden werden. Die Hochsprachen waren schon länger in beiden Ländern vorhanden und auch ihr jeweiliges kulturelles „bäuerliches Einzugsgebiet" war mehr oder weniger eindeutig. Doch keine dynastische Staatsstruktur untermauerte die kulturell relativ eindeutigen Grenzen. Eine Einigung des kulturellen mit dem politischen Gebiet wurde vonnöten. Das Zepter der politischen Einigung wurde von Preußen in dem einen Fall und von Piemont in dem anderen Fall in die Hand genommen. Im Vergleich zu späterer nationalistischer Gewalt war der Einigungsprozess, die Nationalstaatsbildung, in dieser Zone nicht von exzessiver Gewalt geprägt und glich damit eher den dynastischen Auseinandersetzungen des 18. Jahrhunderts. Gellner bemerkt hierzu:

„Ein segensreicher Zustand, den es seither wohl nicht mehr gegeben hat, und der nicht ewig andauern sollte." (Gellner 1999: 95)

Gellner sieht Gewalt und Brutalität in dieser Zone des Nationalismus als optional an. Der Holocaust lag demnach keinesfalls in der „Logik" dieser Zone des Nationalismus begründet:

„Der Horror von Nationalsozialismus und Faschismus hätte nicht geschehen *müssen*." (Gellner 1999: 98)

Wir werden an anderer Stelle noch auf den Nationalsozialismus zurückkommen.

Auf dem Weg weiter nach Osten folgt die dritte Zeitzone des Nationalismus, die laut Gellner strukturell gewalttätig war: „Der Schrecken war nicht nur Option, sondern vorprogrammiert." (Gellner 1999: 95). In dieser Zone mangelte es an beiden Komponenten für die Errichtung von Nationalstaaten: Staat und dominierende (Hoch-)Kultur fehlten. Und damit stellt sie den „Normalfall" unter den Zeitzonen dar, denn sowohl das Vorhandensein eines Staates als auch einer Hochkultur sind global betrachtet Ausnahmeerscheinungen. In den meisten Fällen müssen während der Transformationsprozesse beide Komponenten erst geschaffen werden. In diesem Sinne machten sich die nationalistischen Kräfte daran, einen Nationalstaat und auch eine Nationalkultur zu errichten. Das ihnen zur

Verfügung stehende „Material" war jedoch in sprachlicher als auch kultureller Hinsicht ein „Flickenteppich" (Gellner 1999: 96). Nur Polen bildete mit seiner Hochkultur eine Ausnahme. Gellner hebt hervor, dass es nahezu unmöglich war, die vielen Volkssprachen voneinander abzugrenzen. Im Hinblick auf die slawischen Sprachen sei es extrem mühsam, Dialekte voneinander zu trennen und auch Aussagen darüber zu treffen, was als Sprache und was als Dialekt anzusehen sei (Vgl. Gellner 1999: 96 f). Die Schaffung beider Komponenten konnte nur von Gewalt begleitet sein, so dass Gellner empfiehlt:

„In solchen Gebieten muß man die Betroffenen davon überzeugen, daß sie von der Umsetzung des nationalistischen Ideals absehen; andernfalls sind ethnische Säuberungen unvermeidbar. Es gibt keinen dritten Weg." (Gellner 1999: 99)

Der Teil Osteuropas, der seit der Russischen Revolution und nach dem Ende des Zweiten Weltkrieges kommunistisch wurde, bildet die Zone 4. Die drei Großreiche, welche auf dem Wiener Kongress Osteuropa unter sich aufgeteilt hatten, ereilte nach dem Ersten Weltkrieg das gleiche Schicksal: Sie landeten auf „einem der größten Müllhaufen der Geschichte" (Gellner 1999: 100). Was folgte war die „Wiederkunft der Ideokratie in säkularer Gestalt" (Gellner 1995a: 129), denn dank der politischen Durchsetzungskraft einer neuen Ideologie wurde das Zarenreich unter kommunistischen Vorzeichen wieder reanimiert.[50] Die Sowjetunion sollte ihren Vorgänger an Brutalität weitaus übertreffen. Mittels ihres Repressionsapparates fiel ihr die Eindämmung nationalistischer Bestrebungen nicht schwer. Sie

---

[50] Gellner bemerkt über die ideologische Anziehungskraft des Marxismus in Russland: „With hindsight, it is easy to see that Marxism was tailor-made for the needs of the anguished nineteenth-century Russian soul. This soul had been crucified between the desire to emulate and catch up the West, and the messianic-populist aspiration for a total, and yet locally rooted, fulfilment. Marxism claimed, on the one hand, to be scientific and materialistic, and thereby to embody and unmask the secret which had made the West rich and strong, and to provide a formula for a shortcut which would lead to an overtaking of the West and to even greater power and wealth. But on the other hand, it also promised an eventual total fulfilment, one wholly free of exploitation and oppression and the moral defects and the compromises and tawdriness associated with the Western form of industrialism. In this total consummation, miraculously and mysteriously, the yearning of the human soul for community, and the desire for individual independence, would be satisfied all at once." (Gellner 2012: 130)

selber war ebenso wie das Zarenreich zuvor nicht nationalistisch, so dass den Russen als der Mehrheitsbevölkerung keine besonderen Privilegien eingeräumt wurden. Die brutale Umsiedlungspolitik des Sowjetreiches hatte keine ethnische Säuberung zum Ziel, sondern sollte der Unterdrückung möglicher nationalistischer Unruhen dienen. So wurden beispielsweise viele Russen in den baltischen Republiken angesiedelt. Diese Umsiedlungen trugen nach dem Untergang des Kommunismus zur Verschärfung nationalistischer Konflikte innerhalb der ehemaligen Sowjetrepubliken bei.[51] Der Kommunismus hat demnach den Nationalismus unterdrücken können, solange er politische Macht besaß. Nachdem die marxistische Ideologie vom Klassenkampf jedoch angesichts der ökonomischen Probleme der Sowjetunion nicht länger als sozialer Mörtel dienen konnte, brachen nationalistisch motivierte Konflikte hervor. Wenn wir Europa verlassen und geographisch weiter nach Süden gehen, ergibt sich eine weitere Zone, die im Gegensatz zu der einstigen marxistischen Zone nicht besonders empfänglich für Nationalismus zu sein scheint.

Diese fünfte Zone des Nationalismus stellt die Region dar, deren Mehrheitsreligion der Islam ist. Der Nationalismus ist in dieser Zone eher durch seine Schwäche als seine Stärke gekennzeichnet. Die Ideologie, die im Zuge der modernen Transformationsprozesse über den Nationalismus triumphiert, ist der religiöse Fundamentalismus. Wie wir im Rahmen der Diskussion hinsichtlich der unter modernen Vorzeichen sich verändernden Rolle der Kultur gesehen haben, standen sich in der Welt des Islam traditionell immer zwei Kräfte gegenüber: der Volksislam und der Hochislam. Ersterer war in ländlichen Gebieten zu Hause, während letzterer in Städten beheimatet ist. Im Zuge der voranschreitenden Urbanisierung hat der Hochislam den historischen Machtkonflikt zwischen sich und den vielfältigen Formen des Volksislam zu seinen Gunsten entscheiden

---

[51] Der nordamerikanische Politikwissenschaftler David Laitin hat sich eingehend mit der Situation von russischen Minderheiten in den ehemaligen Sowjetrepubliken nach 1991 beschäftigt und schreibt: „With the collapse of the Union in 1991, however, (...) Russians are the migrants living in ‚nationalising states who seek social mobility within those states', but are also subject to discrimination there and therefore potential recruits for a counternationalism as ‚Russians', whether through secession, regional autonomy movements, or out-migration. The question of the fate of these 25 million Russians, a sort of ‚beached diaspora', remains unanswered." (Laitin 1998: 144)

können. Während in Europa die verschiedenen Hochkulturen zum Identifikationsmerkmal der jeweiligen Gesellschaften wurden, kristallisiert sich die Identität moderner Muslime weniger nach ethnischen Gesichtspunkten, sondern nach religiösen, nach einem transnationalen Glauben:

„In the West we think of a nation subdivided into religions. In the Islamic world, they think rather of a religion subdivided into nations, (...).“ (Lewis 2013: 236)

Diese Entwicklung läuft der Säkularisierungsthese zuwider, wonach sich Gesellschaften im Zuge der Modernisierung von religiösen Vorstellungen abwenden würden.[52] Populismus war im östlichen Teil Europas die Antwort auf die westliche Überlegenheit, aber in der muslimischen Welt ist Populismus, die Verehrung des einfachen Volkes, nur eine Randerscheinung von zumeist ausländischen Intellektuellen. Nicht die Werte des einfachen Volkes werden hier der Verwestlichung entgegen gestellt, sondern die Offenbarung einer Weltreligion. Der Hochislam wird als Alternative zur Verwestlichung angepriesen, ebenso wie der „Mushik“ diese Funktion in Russland erfüllt. Die Besinnung auf die eigene Identität nimmt demnach religiöse Züge in dem einen Fall und populistische Züge in dem anderen Fall an. Das Zurückbleiben hinter den technisch und ökonomisch und damit auch machtpolitisch erfolgreicheren Westen wird in der Welt des Islam der Verunreinigung der Religion zugeschrieben, während aus russisch-populistischer Sicht die Abkehr von den Werten des einfachen Volkes als ursächlich für das Machtungleichgewicht zum Westen angesehen wird.

---

[52] Was wäre in Westeuropa in nationalistischer Hinsicht passiert, wenn die Industrialisierung bereits im Hochmittelalter stattgefunden hätte? Diese Frage stellt sich Gellner, um die Auswirkungen der Industrialisierung in einer Region zu diskutieren, deren alleinige Schrift- und damit Hochsprache zu diesem Zeitpunkt Latein gewesen ist. Ohne die erst im Zuge der Reformation erfolgten Bildung von zahlreichen neuen Schriftsprachen, wäre wahrscheinlich eine Art pan-lateinischer Nationalismus entstanden: „There would clearly have been the prospect of a clerkly-led Latin, or perhaps Romance, nationalism, as opposed to the relatively more local nationalisms which did eventually crystallize, secularizing no longer a transpolitical clerkly high culture, but a half-clerkly, half-courtly one. Had it all happened earlier, a pan-Romance nationalism would have been as plausible as the pan-Slavism which was taken seriously in the nineteenth century, or the pan-Arab nationalism of the twentieth, which were also based on a shared clerkly high culture, co-existing with enormous differences at the low or folk level.“ (Gellner 1983: 79)

11 MÖRDERISCHER NATIONALISMUS

Die soeben diskutierten Zeitzonen nationalistischer Entwicklung haben darauf verwiesen, dass in der Zone 3, in Osteuropa, aufgrund der Schaffung von staatlichen Strukturen einerseits und dem Drang zu kultureller Homogenisierung andererseits, Gewalt in den Transformationsprozessen vorprogrammiert war. Was ist mit der Zone 2, die Nationalsozialismus und Faschismus hervorgebracht hat? Wie kam es zu diesen nationalistischen Exzessen in einer Zone, die nicht strukturell auf Gewalt ausgerichtet war? Gellner betont, dass die Beantwortung dieser Frage nur darauf beschränkt sein kann, die Faktoren zu benennen, die diesen brutalen Auswüchsen des Nationalismus den Weg geebnet haben. Sie sind einerseits sozio-ökonomischer und andererseits ideologischer Art.

Die im Zuge der Industrialisierung auftretenden sozio-ökonomischen Umwälzungen bedeuteten zumeist eine Verschlechterung der Lebensbedingungen. Es bildeten sich Klassengegensätze, deren Zündstoff sich jedoch nur dann entlud, wenn diese Gegensätze mit ethnischen Unterschieden einhergingen: „Klassen ohne Ethnizität sind blind; Ethnizität ohne Klassen ist bedeutungslos..." (Gellner 1999: 105). Des Weiteren sind die Ursachen eines gewalttätigen Nationalismus im Bereich der Organisation und Kultur einer Gesellschaft zu finden. Eine Kultur von Ehre und Rache führt dazu, dass nicht der berufliche Erfolg die wichtigste Errungenschaft für den Einzelnen ist, sondern seine „kämpferischen" Fähigkeiten. Sobald sich die Frage der Ehre von der lokalen auf die nationale Ebene verschoben hat, werden ethnische Konflikte zu mörderischen Auseinandersetzungen. Diese Beobachtungen Gellners beziehen sich insbesondere auf die dritte Zone. Damit steht noch die Antwort aus, warum die im 19. Jahrhundert so „relativ harmlos" erschienene zweite Zone im zwanzigsten Jahrhundert extrem grausam wurde. Der Faktor Ideologie spielt hier eine wichtige Rolle. Ein Schritt zurück in das Agrarzeitalter ist notwendig, um die später in der zweiten Zone aufkommende Ideologie besser verstehen zu können.

Nach Gellner lassen sich in der Menschheitsgeschichte drei Stufen der Moral erkennen:
die platonische,
die aufgeklärte,
die romantische.

Die platonische Stufe der Moral entspricht der Ethik des Agrarzeitalters und damit dem „*nicht*-nationalen Stadium der Menschheitsgeschichte" (Gellner 1999: 108). Die Pflichten des Einzelnen sind laut Platon an seinen jeweiligen Status gebunden.[53] Die soziale Ordnung unterliegt in Agrargesellschaften einer festen Hierarchie und die platonische Moral legitimiert diese Struktur als unabänderlich. Kulturelle Unterschiede sind in dieser Phase nicht relevant für politische Machtverhältnisse. Moral ist also verkörpert in einer rigiden Gesellschaftsstruktur, die jedem seine statusbedingten Pflichten auferlegt.

Mit der Aufklärung ist das Ethos des Agrarzeitalters radikal in Frage gestellt worden. Die Vertreter der Aufklärung unterzogen den Dogmatismus, den Aberglauben und die Unterdrückung und Ungleichheit einer vernichtenden Kritik. Anstelle der bisherigen Ethik „Jeder Status hat seine Pflichten" setzten sie ihre neue aufgeklärte Ethik. Nicht mehr der Status bestimmte die Ethik, sondern die allen Menschen eigene Menschlichkeit. Diese neue Ethik war „individua-

[53] In „Die offene Gesellschaft und ihre Feinde" schreibt Popper über Platons Vorstellung eines vollkommenen Staates, die jedem Glückseligkeit ermögliche – gemäß seines/ihres Platzes in der rigiden Klassen- und Kastenordnung: „Wahre Glückseligkeit wird (bei Platon, BTG) nur durch Gerechtigkeit erreicht, das heißt dadurch, daß jeder seinen Platz in der Gesellschaft beibehält. Der Herrscher muß sein Glück im Herrschen finden, der Krieger im Kriegsführen und, wie wir schließen dürfen, der Sklave in der Sklaverei." (Popper 2003a: 202)

listisch, universalistisch und egalitär" (Gellner 1999: 108 f). Ihre Befürworter legitimierten die neue Moral aus zwei Blickwinkeln, dem sensualistischen und dem rationalistischen. In der Philosophie wird von dem Gegensatzpaar Empirismus versus Rationalismus gesprochen. Gellner sieht beide Sichtweisen jedoch nicht als Gegenspieler an, sondern als sich ergänzende Teile der Aufklärungsethik. Der empirische Blickwinkel ist mit David Hume verbunden, während Immanuel Kant die rationalistische Sichtweise vertritt.

Nach Hume ist unsere Moral auf unserer Eigenschaft, dass wir fühlende Wesen sind, begründet. Wir sind in der Lage, Freude und Schmerz zu empfinden als auch Freude und Schmerz bei anderen Menschen nachzuempfinden. Demgegenüber machte Immanuel Kant den Ursprung unserer Ethik in unserer gemeinsamen Vernunftbegabung aus. Gellner sieht beide philosophischen Ausrichtungen, Empirismus und Rationalismus als zusammengehörig an, denn beide formulieren die neue Ethik der Aufklärung als etwas Universelles und Egalitäres. Es ging ihnen um individuelle Selbstbestimmung auf universeller Ebene. Kedourie hatte in seiner Nationalismusforschung fälschlicherweise Kant als Vorreiter des Nationalismus präsentiert.[54] Kultureller Chauvinismus und Nationalismus haben in der Aufklärungsphilosophie von Hume und Kant jedoch keinen Platz. Sie entspringen der nächsten Stufe der Moral. So wie die Reformation ihre Gegenreformation hatte, so hatte die Aufklärung auch ihre Gegenaufklärung. Und die Gegenaufklärung bescherte uns eine neue Moral: die Wurzelmoral der Romantik.

[54] Kedourie schreibt zu Kant: „(According to Kant, BTG) A good man is an autonomous man, and for him to realize his autonomy, he must be free. Self-determination thus becomes the supreme political good." (Kedourie 1993: 22) Gellner betont, dass Kant unter „Selbstbestimmung" etwas individuelles und keineswegs nationales versteht, wie Kedourie zu beweisen versucht: „It is individual human nature which is really sovereign for Kant (...) and it is universal and identical in all men. It is the universal in man which he revered, not the specific, and certainly not the *culturally* specific. In such a philosophy there is no place for the mystique of the ideosyncretic culture." (Gellner 1983: 131)

Kulturelle Wurzeln versus Vernunft

Während Kant den Rationalimus in den Vordergrund gestellt hatte, waren für Hume Gefühle der Ausgangspunkt seiner Philosophie.[55] Es waren jedoch die Gefühle eines unparteiischen Beobachters, die Hume seinen Überlegungen zugrunde legte. Es waren nicht die Art von Gefühlen, die zuerst innerhalb der Literatur der Romantik gegenüber der „kalten" Aufklärung eingeklagt wurden. Die Romantiker hatten das Besondere der Gefühle vor Augen, ihr „Nicht-rational-Sein". Sie wandten sich gegen Universalität und betonten die Relevanz der lokalen Kulturen gegenüber einem „blutleeren" Kosmopolitismus.[56] Romantisches Gedankengut verbreitete

---

[55] Hume sieht den Menschen als „bundle of emotions" an. Gellner hat daraus den Humeschen „bundleman" gemacht. Siehe hierzu insbesondere seine Monographie „Legitimation of Belief" (1974). Kant hat sich hinsichtlich der seiner Ansicht nach uns allen eigenen Rationalität des Bildes eines Uhrwerkes bedient: Es/Wir ticken alle auf eine ordentliche präzise Art. Der schottisch inspirierte „bundleman" und der preußisch geprägte Uhrwerksmensch spiegeln die jeweilige Hochkultur wider, der sie entsprungen sind. Auf den britischen Inseln war „Nüchternheit" auch im Hinblick auf die Gefühlswelt die Norm, während in Kontinentaleuropa „Gefühle" in den Bereich der Romantik fielen und den Gegenspieler aufgeklärter Ideen darstellten.

[56] So schreibt Webers Zeitgenosse Werner Sombart, dass die Deutschen ein „Waldvolk" seien und stellt die Juden als „Nomadenvolk" dar. Sombart sah den Kapitalismus als „jüdisches Produkt" an, das den Werten des Waldvolkes widerspreche. Damit reihte sich Sombart in die lange Reihe von antisemitischen Verschwörungstheoretikern ein. Unabhängig von der Affinität religiöser Vorstellungen zum modernen Denken, ist es unmöglich, dass eine gesellschaftliche Minderheit den Anstoß zu revolutionären Veränderungen wie der Industriellen Revolution geben könnte. Die Protestanten sind die „Bösewichte", die den Weg des Kapitalismus geebnet haben. Und zwar nicht dort, wo sie eine geächtete und verfolgte Minderheit waren (wie die Hugenotten in Frankreich), sondern dort, wo sie die Mehrheit darstellten. Aber der Protestantismus eignet sich nicht so gut zur Verteufelung wie ethnische Minderheiten. Die Protestanten sind zu viele und zu gut verteilt, um als Sündenböcke von den Antikapitalisten in Betracht gezogen zu werden. Dabei sind sie die „Haupttatverdächtigen im Falle des Untergangs des guten alten Agrarzeitalters". Die Juden stellten seit der Zerstörung des Zweiten Tempels (70 n. Chr.) bis zur Gründung des modernen Staates Israel nirgendwo eine gesellschaftliche Mehrheit dar und konnten deshalb kein machtpolitisch relevanter Faktor sein. Die Industrialisierung in ihrer kapitalistischen Variante ist das Resultat einer Gesellschaft, die laut Montesquieu in drei Bereichen alle anderen Gesellschaften überragte: im Hinblick auf Frömmigkeit, hinsichtlich des Handels und schließlich in punkto Freiheit. England hatte eine Balance zwischen diesen drei Sphären, der religiösen, der politischen und der ökonomischen erreicht und damit die Tür zum Industriezeit-

sich schnell über den Bereich der Literatur hinaus in die Wissenschaft. Johann Gottfried Herder (1706–1763) gehörte zu den ersten Romantikern innerhalb der Wissenschaft. Er wandte sich gegen Kosmopolitismus und betonte das Besondere, die Vielfalt war für ihn der „Einfalt" des atomisierten Individuums vorzuziehen. Kedourie schreibt über Herder:

„In this (Herder's, BTG) diversitarian view of the world, spontaneity rather than imitation is given first preference, and a change comes over the accepted idea of Nature. In the system of Natural Law, the idea of Nature meant regularity, uniformity, maturity, and finish. But regularity and uniformity imply imitation, imitation implies artifice, and artifice is, on the diversitarian view, unspontaneous, hence unnatural. (...) And spontaneity is the gift of those who retain their own peculiar character, who are not corrupted by the veneer of civilization; while those who do not cherish their own individuality, who move from one culture to another, are homeless parasites, doomed to artificiality and sterility." (Kedourie 1993: 50)

Die Romantik war und ist das ideologische Hilfsmittel des Nationalismus und insbesondere des ethnischen Nationalismus. Im „Deutschland" des 18. Jahrhunderts erblickten romantische Vorstellungen das Licht der Welt. Isaiah Berlin hat in „The Roots of Romanticism" (2000) exemplarisch den Philosophen und Schriftsteller Johann Georg Hamann als Vertreter dieser Ideen dargestellt. Hamann sei der erste gewesen, der der Aufklärung offen und unzweideutig den Krieg erklärt hätte. Er stellte der „kalten" Aufklärung und ihrer Vernunft einen mystischen Vitalismus entgegen (Berlin 2000: 66). Die Gründe für die romantische deutsche Reaktion auf die Aufklärung liegen nach Berlins Überzeugung in dem Minderwertigkeitskomplex, den deutsche Intellektuelle gegenüber Frankreich und England empfunden hätten. Angesichts der „ungleichen Entwicklung" zwischen den deutschsprachigen Ländern und ihren westlichen Nachbarländern haben sich in Form der romantischen Ideen, der Rückbesinnung auf die eigenen provinziellen Besonderheiten, die ersten anti-westlichen Vorstellungen Gehör verschafft. Während wir die Franzosen als die ersten Verwestlicher des Westens charakterisiert hatten, so könnte man die Deutschen des 18. Jahr-

---

alter aufgestossen.

hunderts als die ersten Populisten, die ersten Anti-Westler bezeichnen.[57]

Im Gegensatz zu Kedourie sieht Gellner den „Herdersche(n) Kult um Differenzierung und Eigenart von Gemeinschaften" (Gellner 1999: 117) als „relativ bescheiden, eher zaghaft als teuflisch und todbringend" an. Herder wandte sich gegen den „Kulturimperialismus" der Franzosen, wenn er sich für die Bewahrung von Lokalkulturen aussprach.[58] Der entscheidende Schritt zur Radikalisierung der Romantik kam durch die Übernahme darwinistischer Ideen in den Geisteswissenschaften während des 19. Jahrhunderts.

Biologische Wurzeln versus Vernunft – Der Mensch als (kämpfendes) Tier

Das Menschenbild der Biologie basierte auf der Feststellung, dass der Mensch nur die Weiterentwicklung einer Tierart sei. Der Hang zum gewalttätigen Wettbewerb wurde als das Resultat des natürlichen Ausleseprozesses angesehen. Gellner benennt die politischen und philosophischen Konsequenzen dieses Menschenbildes wie folgt:

---

[57] In „Betrachtungen eines Unpolitischen" setzt sich Thomas Mann sehr anschaulich mit den Unterschieden zwischen deutscher und westlicher Identität auseinander: „Der politische Geist als demokratische Aufklärung und ‚menschliche Zivilisation' ist nicht nur psychisch widerdeutsch; er ist mit Notwendigkeit auch politisch deutschfeindlich, wo immer er walte." Und an anderer Stelle schreibt Mann: „(...) da ist mir denn nun, als sei der gegenwärtige Krieg (der Erste Weltkrieg, BTG), der gewiß, von einer Seite gesehen, ein Krieg um Macht und Geschäft, von der anderen gesehen aber ein Krieg zwischen Ideen ist, in rein geistiger Sphäre schon einmal geführt worden; als habe sich der deutsche Geist schon einmal ‚mit tiefem Ekel', wie Nietzsche sagt, gegen die ‚modernen Ideen', die westlichen Ideen, die Ideen des 18. Jahrhunderts, gegen Aufklärung und Auflösung, Zivilisation und Zersetzung erhoben, und als sei es eben Kant gewesen, in dem sich der soziale, erhaltende, aufbauende, organisatorische deutsche Geist gegen den westlichen Nihilismus erhoben habe, nachdem er selbst durch alle Tiefen der wertauflösenden Skepsis hindurchgegangen." (Mann 2009)

[58] Eine ähnliche Konstellation von Romantikern gegen die Moderne findet sich in Irland, wie James Dingley in seinem Buch über nationale Identität in Irland feststellt: „English (British) was symbolic of modernity and all associated with it that was destroying rural peasant society, in Ireland and throughout Europe, and this was precisely the appeal of the Romantics. Consequently, just as the German Romantics saw in France the agent of Enlightenment and loss, so Irish nationalists similarly viewed England and modernization." (Dingley 2015: 182 f)

„Wenn der Mensch wirklich nichts weiter ist als ein Tier, warum sollte er sich dann noch für etwas Besonderes halten und behaupten, er stehe über der Natur? Mit welchem Recht könnte man sich noch auf ein einzigartiges Merkmal berufen, das Vernunft genannt wird?" (Gellner 1999: 118)

Aus sozialdarwinistischer Sicht wurde Vernunft nur als „Ausdruck eines Strebens nach instinktiver Befriedigung" (Gellner 1999: 118) gesehen. Wahre Erfüllung findet der Mensch, wenn er mit seiner Natur im Einklang stehe, also zu seinem „Tiersein" ein positives Verhältnis hat. In der Philosophie hat Nietzsche diese Vorstellung vertreten und damit die aus der Literatur entsprungene Romantik (Kult der Vielfalt) mit dem Darwinismus der Biologie (Mensch als Tier) verknüpft. Während Herder Gemeinschaft als kulturelle Einheit verstanden hatte, so wurde sie jetzt auch zur biologischen Gemeinschaft. Der Erhalt der kulturellen Gemeinschaft wurde damit zu einem „Naturgesetz". Aufgeklärter Universalismus war nach dieser Auffassung nicht nur eine Form des Kulturimperialismus, sondern auch „unnatürlich" und damit „krankhaft". Nur Schwache neigten aus Sicht der Romantiker zu den Ideen der Aufklärung, da sie dem Kampf ums Dasein nicht gewachsen seien. Der Nationalsozialismus ist die „Reinform" dieser Lehre, die sich einerseits aus dem Darwinismus und andererseits aus der Romantik speist. Die braunen Romantiker wandten sich gegen die ökonomische Krise, indem sie die Aufklärungsideen als verantwortlich für das wirtschaftliche Elend brandmarkten.

Der religiöse Antisemitismus hatte sich im Zuge des Zusammenbruchs der alten Ordnung in einen „modernen" Antisemitismus gewandelt, der Religionszugehörigkeit durch Herkunft ersetzt hatte. Der religiöse Antisemitismus war keineswegs blind für die Herkunft gewesen: Die Jesuiten beispielsweise blickten seit 1593 mehrere Generationen zurück auf den Stammbaum ihrer potentiellen Brüder. Wer Jesuit werden wollte, musste mindestens fünf Generationen christlicher Vorfahren nachweisen können (Koch 1934: 939). Gellner weist darauf hin, dass Juden nicht nur aus der vormodernen Gesellschaft ausgeschlossen gewesen waren, sondern gleichzeitig als Verkörperung alles Negativem der Gesellschaftsordnung fungierten. Sie wurden als Gegner der gesellschaftlichen Werte angesehen. Sie galten der christlichen Gesellschaft als „Mörder Christi". Und während die Gesellschaft nicht-kommerzielle Werte predigte (wenn sie sich auch in der Praxis anders verhielt), verrichteten viele Juden kommerzielle Tätigkeiten.[59]

Wie alle Gesellschaftsmitglieder der Agrargesellschaft, waren die Juden auch auf ihren Status festgelegt. Da sie als Minderheit politisch machtlos waren und zudem religiös geächtet, wurden sie wie Minderheiten andernorts auch von den Herrschenden für Tätigkeiten eingesetzt, deren Überantwortung an politisch machtvollere Gruppen zu gefährlich erschien (vergleichbar mit der Situation der Griechen im Ottomanischen Reich). Hinzu kam, dass bereits im Mittelalter viele Juden (nicht Jüdinnen) alphabetisiert waren und damit von den Herrschenden für Tätigkeiten, die Schriftkundigkeit erforderten, eingesetzt werden konnten. Nach dem Ende der Standesordnung und dem Beginn der durch die wirtschaftlich erforderliche Mobilität steigenden Gleichheit innerhalb der Gesellschaft, wurden diese Tätigkeiten zu begehrten Beschäftigungen. Die stigmatisierte Minderheit war nun überproportional in begehrten Berufen vertreten, die die einstigen Bauern ihnen nun mit Hilfe einer Reihe von antisemitischen Verschwörungstheorien verübelten. Die Nationalsozialisten haben keine ideologischen Neuerfindungen betrieben, sondern den Antisemitismus, die Romantik und den Darwinismus zugespitzt und in eine mörderische Praxis münden lassen. Gellner schreibt über den Unterschied zwischen der Zeit der Aufklärung und des Nationalsozialismus

[59] Vgl. hierzu das einschlägige Buch des US-amerikanischen Historikers Jerry Z. Muller „Capitalism and the Jews" (2010). Muller spricht von push und pull-Faktoren, die den hohen Anteil an Juden in kommerziellen Tätigkeiten erklären. Die push-Faktoren bestehen in den im Mittelalter vorhandenen Verboten für Juden, Land zu besitzen und somit agrarische Tätigkeiten ausüben zu können. Der andere vormoderne wirtschaftliche Zweig, das Handwerk, war ebenfalls für Juden verschlossen, da die Handwerker in christlichen Gilden organisiert waren und die Juden als „Mörder Christi" galten. Ein weiterer, von Muller nicht angeführter aber von Gellner betonter push-Faktor bestand in dem Interesse der Herrschenden eine aufgrund ihrer Schriftkundigkeit und ihrer politischen Machtlosigkeit von der Mehrheitsbevölkerung geächtete Minderheit zu „nutzen". Was sind die pull-Faktoren? Muller beschreibt die soziokulturellen Merkmale der jüdischen Gemeinschaften als pull-Faktoren. Der religiös motivierte hohe Grad an Schriftkundigkeit unter den männlichen Gemeinschaftsmitgliedern sowie die Wertschätzung von Bildung, wirkten sich positiv (wie übrigens später auch bei den Protestanten) auf das Ausüben intellektueller und wirtschaftlicher Tätigkeiten aus.

anhand der Gegenüberstellung der Lebenssituation von Rahel Varnhagen (1771–1833) und Hannah Arendt:

„Hannah was a betterlooking Rahel, with the option of Zionism thrown in. A further difference was that the issue eventually became entry not to a salon, but to a gas-chamber.“ (Gellner 1987: 81)

Hannah Arendt war „(...) one of those for whom German romanticism had created an insoluble problem of identity, and for whom it was shortly to become literally lethal.“ (Gellner 1987: 81)

Der Nationalsozialismus hatte nicht in erster Linie intellektuelle Ursachen. Er war jedoch ideologisch eine radikalisierte Fortsetzung der Romantik[60] innerhalb des europäischen Denkens. Ideengeschichtlich betrachtet bestand er aus einer Mixtur von Gemeinschaftsromantik sowie Naturalismus (Gellner 1987: 88)[61]. Und er war politisch stabil, so dass er nur militärisch beseitigt werden konnte:

„(...)Hitler's New Order was indeed an Order, which as long as it was victorious, was acceptable to many, without the sanction of terror, and which could be justified in terms of themes that had long been present – albeit implemented with a consistency and thoroughness which were tragic for those who were now wholly excluded where before they had only been half-included.“ (Gellner 1987: 89)

---

[60] Die Romantik wird von Gellner wie folgt definiert: „ ‚Romanticism‘ has no doubt many meanings, but the one that is relevant and important here is this: the romantic reaction (to the enlightenment, BTG) taught that a religion of humanity *an sich,* beyond all cultural or ethnic specificity, led to a bloodless cosmopolitanism, and that the concrete earthy, folksy cultures, with all their idiosyncrasies (above all with their idiosyncrasies) were to be esteemed and preserved not simply as the convenient idioms for a universal truth, but as supremely valuable in themselves.“ (Gellner 1987: 78)

[61] Winston S. Churchill schreibt in „Der Zweite Weltkrieg“ nach seiner Lektüre von „Mein Kampf“: „Die Haupthese von *Mein Kampf* ist einfach. Der Mensch ist ein kämpfendes Tier; daher ist die Nation, als eine Gemeinschaft von Kämpfern, eine Kampfeinheit. Jeder lebende Organismus, der den Existenzkampf aufgibt, ist zum Erlöschen verurteilt. Eine Nation oder Rasse, die den Kampf einstellt, ist ebenso zum Untergang verurteilt. Die Kampffähigkeit einer Rasse hängt von deren Reinheit ab. Daher ist es nötig, sie von fremden Verunreinigungen zu säubern. Die jüdische Rasse muß infolge ihrer Universalität pazifistisch und kosmopolitisch sein. Der Pazifismus ist die größte Todsünde; denn er bedeutet die Kapitulation der Rasse im Existenzkampf. Die erste Aufgabe jedes Landes besteht daher in der Nationalisierung der Massen.“ (Churchill 2003: 42)

12 DIASPORA-NATIONALISMUS

Die klassische Typologisierung des Nationalismus lautet: Nationalismen unterscheiden sich vorrangig darin, ob sie politischen oder ethnischen Charakters sind. Zumeist wird der französische Nationalismus als Beispiel für politischen Nationalismus angeführt und der deutsche Nationalismus als Beispiel für ethnischen Nationalismus dargestellt. Ernest Renan hat in seiner berühmten Abhandlung „Was ist eine Nation?“ den politischen Charakter des französischen Nationalismus betont, wenn er schreibt, dass dieser ein tägliches Plebiszit sei (Renan, in Kohn: 1955: 136 ff). Hier spiegelt sich die Aufklärung wider mit ihrem universalistischen Menschenbild. Demgegenüber war der deutsche Nationalismus eher ethnisch-kulturellen Charakters. Neben den u.a. von Hans Kohn (1955) und John Plamenatz (1973) dargestellten zwei typischen Formen des europäischen Nationalismus, dem westlichen und dem östlichen, hat Gellner noch eine wichtige dritte Kategorie hinzugefügt, den Diaspora-Nationalismus.

Der dritte Nationalismus, der Diaspora-Nationalismus, ist bei Plamenatz nicht berücksichtigt. Wie bereits zuvor angesprochen, ist dieser von einer gesellschaftlichen Minderheit ausgehende Nationalismus nicht unwichtig. Stigmatisierte Minderheiten (wie beispielsweise Eunuchen, Mameluken) wurden in Agrargesellschaften für solche Tätigkeiten eingesetzt, die in den Händen von Mitgliedern der Mehrheitsbevölkerung zu riskant für die Herrschenden gewesen wären. Zudem waren bestimmte Fähigkeiten wie insbesondere Alphabetismus vonnöten, die Vertreter der Landbevölkerung nicht beherrschten. Im Vergleich zur Agrarsituation sind wir heute alle „Mameluken“, so dass der moderne Staat keine Erosion seiner Macht zu befürchten hat. Er sieht sich nicht dazu veranlasst, der Mehrheitsbevölkerung zu misstrauen:

„We are now all of us castrated, and pitifully trustworthy. The state can trust us, all in all, to do our duty, and need not turn us into eunuchs, priests, slaves or mamluks first.“ (Gellner 1983: 102)

Unter den Bedingungen der Agrargesellschaft war jedoch nur eine Minderheit von den Mächtigen mit den Aufgaben betraut worden, deren Erfüllung notwendig, aber auch aus machtpolitischer Sicht heikel war. Die gesellschaftlich geächtete Minderheit war äußerst nützlich für die Machthaber, da sie über die notwendigen intellektuellen Voraussetzungen für das Verrichten bestimmter Tätigkeiten verfügte und aufgrund ihres Außenseiterstatus und ihres Geächtetseins keine machtpolitische Gefahr darstellte. Die Mächtigen stellten die für sie so nützliche Minderheit (je nach Bedarf) unter ihren politischen Schutz. Diese Situation änderte sich jedoch radikal im Zuge der Modernisierung. Wie bereits erwähnt, wurden die von der Minderheit ausgeübten Tätigkeiten im Zuge der Ausdehnung der modernen Bildung zu begehrten Beschäftigungen. Was änderte sich für die Minderheit unter modernen Vorzeichen? Das Geächtetsein blieb eine Konstante über alle gesellschaftlichen Umbrüche hinweg, aber die zuvor von einem Teil der Minderheit monopolisierten Beschäftigungen wurden nicht länger geächtet, sondern begehrt. Und die Ex-Bauern ließen nun ihrem Hass auf die überrepräsentativ in bestimmten Berufsfeldern vertretene Minderheit freien Lauf. Die Minderheit verlor im Zuge der Modernisierung nicht nur ihr Monopol in zuvor stigmatisierten Berufsfeldern, sondern auch die schützende Hand der Mächtigen. Sie hatte sich ihnen nicht nur entzogen, sondern wurde je nach Bedarf zu der Hand, die mit dem Finger auf die angeblichen „Nutznießer“ der unangenehmen gesellschaftlichen Umbrüche zeigt. Die Minderheit war jedoch aufgrund ihrer höheren Bildung und trotz des Verlustes ihrer beruflichen Monopole besseres „Humankapital“ als die neuen Bildungsbürger, die erst kürzlich ihr Bauernsein abgelegt hatten. Unter den neuen Bedingungen ist die Minderheit einerseits freier ebenso wie auch alle anderen Gesellschaftsmitglieder, aber verliert sowohl ihr Monopol als auch ihren geschützten Status. Ihre politische Machtlosigkeit war während des Agrarzeitalters der Preis gewesen, um unter dem politischen Schutz der Herrschenden wichtige Tätigkeiten wie finanzielle Dienstleistungen ausüben zu können. Die politische Machtlosigkeit ergab sich zumeist bereits aus ihrem Status als Minderheit und aus dem Geächtetsein seitens der Mehrheitsbevölkerung (wie beispielsweise die Juden als von den Christen beschuldigte „Mörder Christi"). Unter den neuen, modernen Bedingungen stellt sich die Situation für die Minderheit wie folgt dar: Sie ist überrepräsentativ in exponierten gesellschaftlichen Positionen vertreten, sie ist weiterhin vergleichsweise einfach kulturell identifizierbar und politisch machtlos. Was daraus folgt, bewegt sich auf einem Spektrum von Genozid zu Vertreibung.[62]

Die politischen Machthaber der Agrargesellschaft haben die Minderheit benutzt und deshalb auch mehr oder minder beschützt. Unter modernen Bedingungen haben die Mächtigen eher das Interesse, die Minderheit von ihren einstigen Positionen zu entfernen und ihre einfache Identifizierbarkeit mit ökonomisch relevanten Tätigkeiten dafür zu benutzen, die Minderheit als verantwortlich für die schmerzhaften Begleiterscheinungen der Transition darzustellen. Der moderne Staat kann soziale Unruhe innerhalb der Gesellschaft damit entschärfen, indem er die gehasste Minderheit entmachtet und verfolgt. Die Mehrheitsbevölkerung findet nicht selten Gefallen an der Diskriminierung der Minderheit:

---

[62] Die russischen Pogrome von 1881 und ihre stillschweigende Unterstützung durch Tolstoy und Turgenev hatten die brutale Seite der romantischen Reaktion auf die Aufklärung offen gelegt: „In addition to faith in the state, the other axiom of the Western Jew was belief in education, the certainty that it was not only his passport into a wider world but also that the educated classes were his unshakable allies. He had chosen to believe this, despite the growing Jew-hatred among the intelligentsia in the second half of the nineteenth century, and before 1881 the intellectuals of Russian Jewry followed after him in that faith. But university students had joined in the making of pogroms and the outbursts of violence had been defended in respectable newspapers as valid expressions of popular discontent. Even the *Narodnaya Volya*, the organ of the respected Narodnik (Back to the People) movement, had viewed them as a praiseworthy revolt of the peasants against their oppressors, and Tolstoy and Turgenev, the greatest living Russian writers, had remained silent. This, as many contemporary Jewish intellectuals have attested, was, for them, the most searing feature of the progroms, because it shook the last pillar of their trust in the gentile world." (Hertzberg 1997: Introduction)

„This provides a most enjoyable (except for its victims) and pathetic theatre of humiliation, inflicted on the once envied-group, to the delectation of the majority. This pleasure can be savoured by a far larger category than just the restricted group of inheritors of the positions vacated by the persecuted minority, and that too is a politically important consideration, making this course a politically attractive option for the state." (Gellner 1983: 106)

Welche Optionen hat die verfolgte Minderheit unter modernen Bedingungen? Auf den ersten Blick befindet sie sich in einer ähnlichen Situation wie die ruritanischen Bauern, die zu Arbeitsmigranten wurden. Sie könnte sich demnach assimilieren, d.h. sie könnte versuchen, ihren kulturellen Hintergrund zu negieren und ein „vollwertiges" Mitglied der Mehrheitskultur zu werden. Ein Teil der Minderheit hat sich für diese Option entschieden. Im Gegensatz zu den ruritanischen Bauern, die sich als Arbeitsmigranten für die Assimiliation an die Mehrheitskultur entscheiden, hat die Assimilation von geächteten Minderheiten jedoch zwei „Haken". Der moderne Antisemitismus beispielsweise erlaubt den Juden die Assimilation nicht. Das Ablegen der eigenen Religion ist in einer Zeit, in welcher Religion an Bedeutung verloren hat, aus der Sicht der Mehrheitsbevölkerung keine „vollwertige" Assimilation. Eine Assimilation von Minderheiten, die unter modernen Bedingungen in erster Linie qua Herkunft diskriminiert werden, ist nicht immer möglich, denn Assimilation steht einer geächteten Minderheit nur graduell (also je nach gesellschaftlicher Liberalität) offen. Zudem kann der Grad an gesellschaftlich akzeptierter Assimilation auch innerhalb einer Gesellschaft variieren. Die ruritanischen Ex-Bauern haben dieses Problem nicht. Ihre Assimilation steht nicht zur Disposition, „einmal assimiliert, immer assimiliert". Die geächtete Minderheit muss damit rechnen, dass ihr Status auch als Assimilierte stets prekär ist.

Was ist der zweite „Haken" im Hinblick auf die Assimilation von geächteten Minderheiten? Dieser betrifft die moralische Ebene des Einzelnen, falls er sich für die Assimilation entscheidet. Er befindet sich in einer ambivalenten Situation. Einerseits haben alle Glaubenssysteme ihre Legitimation verloren, und die Ideen der Aufklärung versprechen das Ende aller Arten von Diskriminierung. Und andererseits ist es eine moralisch äußerst schwierige Entscheidung, sich von der eigenen über Jahrhunderte lang geächteten Gemeinschaft abzuwenden. Aber solange das „Umfeld", also die Mehrheitsbevölkerung, in den moralischen Kategorien der Aufklärung denkt, ist die Assimilation vergleichsweise attraktiv, auch wenn sie ihre moralische Ambivalenz nie abstreifen kann:

„For a Gentile, the problem was only intellectual: abjuring the old faith did not also mean abjuring the old community. For a Jew, it did mean precisely that." (Gellner 1987: 77)

Als sich die Gegenaufklärung in Form der bereits diskutierten romantischen Ideen stärker durchsetzte, trat das Prekäre der Assimilation zu Tage.

Die ruritanischen Bauern hatten neben der Option zur Assimilation ja noch eine weitere, die nationalistische Option. Wie sieht es mit der verfolgten Minderheit aus? Gibt es für sie die nationalistische Option? Die Minderheit kann sich dafür entscheiden, den Weg der (prekären) Assimilation nicht zu gehen, sondern sich eine eigene Nation zu schaffen, die einen sicheren Hafen für die Mitglieder der Minderheit darstellt. Das Problem von urbanisierten und spezialisierten Minderheiten ist jedoch, dass sie im Gegensatz zu den ruritanischen Arbeitsmigranten zumeist nicht über eine territoriale Basis verfügen. Sie sind „Diaspora-Nationalisten":

„For these kinds of nationalism, the acquisition of territory was the first und perhaps main problem. The Hellenes initially thought not so much in terms of secession from the Ottoman Empire, as of inverting the hierarchy within it and taking it over, thereby reviving Byzentium. The first Greek rising took place not in Greece, but in what is now Romania, where the Greeks were a minority, and moreover one doing rather well out of the Ottoman system. The use of what is now southern Greece as a territorial basis only came later." (Gellner 1983: 106)

Das bekannteste und dramatischste Beispiel für einen erfolgreichen Diaspora-Nationalismus sieht Gellner im modernen Staat Israel verkörpert. Der Zionismus als Ideologie für den Diaspora-Nationalismus war als Reaktion auf den europäischen Antisemitismus entstanden. Ebenso wie die anderen Formen des Nationalismus, ging es dem zionistischen um die Fusion von kultureller Identität mit politischer Macht. Und politische Macht bedeutete für die Juden als verfolgte Minderheit mit einem gesellschaftlichen Status, der von der ideologischen Wetterlage der Mehrheitsbevölkerung abhing, einen enormen Fortschritt.

Gellner sieht in der sozialen Transformation, die im Zuge der zionistischen Politik und der Etablierung von Israel als modernem Nationalstaat stattgefunden hat, einen im Vergleich mit den anderen Nationalismen gegenläufigen Trend. Während die Nationalstaatsbildung in Europa einherging mit Urbanisierung und einer gleichzeitigen Romantisierung einer angeblich harmonischen bäuerlichen Vergangenheit, so waren die jüdischen Nationalisten damit beschäftigt, aus urbanisierten Juden bäuerliche zu machen. Kurz gesagt: In Europa wurden Bauern zu Bürgern gemacht, in Israel wurden aus nicht wenigen Bürgern Bauern.[63] Auf diese Weise wurden in den Kibbuzim[64] die ökonomischen Grundlagen für den erfolgreichen „geschlossenen Handelsstaat" gelegt. Zugleich fungierten die Kibbuzim als Verteidigungseinheiten gegenüber den arabischen Nachbarn, die mit der Gründung eines jüdischen Nationalstaates ihre territorialen Rechte verletzt sahen.

---

[63] Der israelische Politiker Amnon Rubinstein schreibt über diesen Prozess, der bereits um 1905 mit der Einwanderung sozialistisch orientierter Pioniere aus Osteuropa einsetzte: „Die Charakteristika der verhaßten Galut (der Diaspora, BTG) – Jiddisch, das Schtetl, die Hausierer – verschwanden, und an ihre Stelle traten die Merkmale der neuen Juden: Hebräisch, kommunale Siedlungen, Handarbeit, Rückkehr zur Scholle, Liebe zur Natur, ein neu errungenes Verwurzeltsein. Dies war der neue Sabra-Charakter, der schließlich ein jüdischer Bauer war, ein nichtjüdischer Typ, der sich durch eine gesunde Urigkeit auszeichnete." (Rubinstein 2001: 51) Und Shlomo Avineri bemerkt treffend: „Despite all the romanticisation involved in the Zionist socialist attempt to create a Jewish peasantry and a Jewish working class in Palestine, this ultimately proved to be the main reason for the ability of the new society to maintain itself. Zionism thus became the only migration movement with a *conscious ideology of downward social mobility*. While all the great mass migration movements of the nineteenth century were motivated by the promise of upward social mobility (...)." (Avineri 1973: 116)

[64] Die Kibbutzbewegung war nach eigenem Bekunden auf der Suche nach einem guten alternativen Lebensstil. Sie bediente sich einer Mischung aus sozialistischen und populistischen Ideen, um ihre Vision einer besseren Gesellschaft zu untermauern. Ihre Attraktivität hat offensichtlich im Zuge der Weiterentwicklung der israelischen Gesellschaft nachgelassen.

13 ANDERE NATIONALISMUSTHEORIEN

Auf einige andere Nationalismustheorien waren wir im Zuge der Diskussion bereits eingegangen: so insbesondere auf Kedourie, aber auch auf Van Berghe und Greenfeld. Im Folgenden möchte ich einen allgemeinen Überblick über die wichtigsten Nationalismustheorien geben, um Gellners Theorie innerhalb der Nationalismusforschung besser einordnen zu können. O'Learys vergleichendes Modell der Nationalismustheorien bietet einen guten Bezugsrahmen, um die verschiedenen Theorien zu klassifizieren. Ausgehend von der einleitend diskutierten Unterscheidung zwischen Modernisten und Primordialisten, teilt er Nationalismustheorien in drei Kategorien ein, indem er den Modernisten und Primordialisten noch eine „Zwischenkategorie" hinzufügt: diejenigen Theoretiker, die Nationen für (in den meisten Fällen) in der Kontinuität zu vormodernen Ethnien halten. Diese Ansicht wird von Anthony D. Smith mit seinem Paradigma vom „Ethnosymbolismus"[65] vertreten. Bevor wir uns den „ethnosymbolism" näher anschauen, werfen wir noch einen Blick auf die zweite Kategorie mittels derer Nationalismustheorien sich hilfreich klassifizieren lassen. Es handelt sich um die Frage nach den Akteuren des Nationalismus. Auch hier herrschen in der Debatte drei Positionen vor:

[65] Smith hat mit seinem Ansatz vom „Ethnosymbolismus" keine Nationalismustheorie entwickelt hat, d.h. er bietet keine allumfassende Erklärung des Nationalismus. Er hält Nationalismus für ein zu komplexes Phänomen, um es in einer Nationalismustheorie darzustellen.

Nationen sind vorrangig ein Instrument manipulativer Eliten beziehungsweise eine ideologische Maske hinter der die Eliten ihre wahren Interessen verbergen.

Nationen sind vorrangig der Ausdruck von authentischen Identitäten.

Nationen sind eine Kombination von Interessen der Eliten als auch Ausdruck von authentischen Identitäten.

Wie wir gesehen haben, befindet sich Gellners Theorie auf der modernistischen Seite und in punkto der Frage nach den Akteuren nimmt sie die dritte Position ein, d.h. sie sieht Nationalismus von zwei Akteuren geprägt: den Eliten als auch der Bevölkerung.

Kommen wir zurück zu Anthony D. Smith[66] und seinem „Ethnosymbolismus“.[67] Smith hält Gellners Modernismus für nicht korrekt, denn aus seiner Sicht haben Nationen einen Nabel. Er betont, dass Nationalstaaten zwar modern seien, aber ihre ethnischen Wurzeln liegen seiner Überzeugung nach in vormoderner Vergangenheit und ohne diese Wurzeln ließe sich kein moderner Nationalstaat errichten.[68] In Anlehnung an die Marxsche Unterscheidung zwischen einer Klasse an sich und einer Klasse für sich, sieht Smith Nationen als *Nationen an sich* zu vormoderner Zeit, die dann im Zuge der Moderne

---

[66] Anthony D. Smith ist emeritierter Professor of Ethnicity and Nationalism am European Institute der LSE. Er hat bei Gellner promoviert, was Gellner zum Anlass nahm, bei Vorträgen zum Thema Nationalismus darauf hinzuweisen, dass er stolz darauf sei, Smith als Doktoranden betreut zu haben, da dieser die Nationalismus-Bibliographien anführen würde: „As I am meant to supply relevant autobiographical detail, perhaps I may say that I feel very great pride in the fact that I supervised Anthony's PhD, (...). Anthony feels a reverence for the past: I do not spurn it, but am more neutral towards it.“ (Gellner 1996: 638)

[67] Andere bekannte Vertreter des Ethnosymbolismus sind John Hutchinson und John Armstrong. Während es zwischen Hutchinson und Smith keine nennenswerten Unterschiede gibt, differenziert sich Armstrong von diesen beiden Nationalismusforschern aufgrund seiner eher perennialistischen Auffassung. Perennialismus geht ebenso wie Primordialismus von vormodernen tiefen Wurzeln der Nationen aus. Perennialisten argumentieren eher historisch, während Primordialisten Nationen als naturwüchsig betrachten und ihre Position mit dem Verweis auf biologische und kulturwissenschaftliche Erkenntnisse untermauern. Beide stehen damit in Opposition zu den Modernisten, die Nationen als moderne Konstrukte verstehen.

[68] Smith betont, dass der Ethnosymbolismus keineswegs biologistisch verstanden werden sollte: „What is important for ethno-symbolists is a *myth* of descent, or presumed ancestery, rather than biological ties.“ (Smith 2009: 112)

zu *Nationen für sich* werden. Die großen dynastischen Staaten Westeuropas scheinen dem Modell von Smith zu entsprechen, denn hier ist historisch betrachtet eine Kontinuität hinsichtlich der ethnischen Ursprünge festzustellen. Smith vertritt die Ansicht, dass Nationen einen ethnischen Nabel haben und ein solcher vorhanden sein *muss*, um einen Nationalstaat erfolgreich ins Leben zu rufen. Gellner ist bezüglich der Frage, ob Nationen einen Nabel brauchen oder nicht, anderer Ansicht. Seiner Überzeugung nach gibt es Nationen, die einen genuinen Nabel vorweisen können, solche die mehr oder minder über einen Nabel verfügen und schließlich solche, die sich einen Nabel erfunden haben. Nach Gellners Überzeugung ist es nicht relevant, welchen Ursprungs der Nabel ist, sondern wichtig sei es, dass das Bedürfnis nach einem Nabel bei allen Nationalstaaten festzustellen sei. Auch Nationen, deren Nabel eine reine „Erfindung" sei, wie beispielsweise die estnische, „funktionieren".[69] Nicht „die Echtheit" des Nabels, sondern die Funktion, die er für eine Industriegesellschaft erfüllt, sind von Bedeutung:

„Wichtig ist zu verstehen, dass die allgemeine Sehnsucht nach einem eigenen Nabel überhaupt erst durch die Moderne geweckt wurde." (Gellner 1999: 167)

---

[69] Gellner bemerkt zum estnischen Nationalismus: „Die Esten (...) repräsentieren jenen erfolgreichen nabellosen Nationalismus. Zu Beginn des neunzehnten Jahrhunderts besaßen sie noch kein eigenes nationales Selbstbewußtsein; sie sahen sich selbst lediglich als ‚die, die auf dem Land lebten', in Abgrenzung zu den schwedischen oder deutschen Bürgern beziehungsweise russischen Bürokraten. Für ihre Volksgruppe gab es nicht einmal eine Bezeichnung. Aber genau wie die einst wirksamen Bedingungen der Agrargesellschaft die Dominanz einer kleinen Minderheit von Fremden zuließen beziehungsweise förderten, so förderten die Bedingungen des modernen Lebens nun die demographische Mehrheit, so unvorteilhaft deren politische Basis auch war. Eine nationale Kultur war geboren, und zwar mit Hilfe jener für das neunzehnte Jahrhundert typischen Methoden (Nationaltheater, Museum, Bildung). Dieser Vorgang wurde äußerst gründlich betrieben und war schließlich in höchstem Maße erfolgreich; das Volkskundemuseum in Tartu beispielsweise besitzt für ungefähr jeden zehnten Esten ein kulturelles Exponat und wird von einem gewissenhaften inoffiziellen Mitarbeiterstab ständig mit Nachschub versorgt. (...) Die Tatsache, daß keinerlei Anzeichen für eine historische Verbindung der estnischen Kultur mit einem Staat bestehen, ist nicht von Belang; dieser Nationalismus steht mit einer solchen Dreistigkeit zu der Tatsache, daß er über keinen Nabel verfügt, daß er sich nicht einmal dazu herabläßt, einen zu erfinden. Trotzdem gedeiht die nationale Kultur der Esten so prächtig, als könnte man ihr nichts anhaben; der sie begleitende politische Wille ist nicht minder stark und mächtig." (Gellner 1999: 158 ff)

Smith hat sich in seinen vielen Arbeiten zum Nationalismus schwerpunktmäßig mit zwei aus seiner Sicht falschen Einschätzungen von Nationalismus auseinander gesetzt. Zum einen mit der liberalen Vorstellung, dass es gute und schlechte Nationalismen gäbe. Gut werden Nationalismen dann gesehen, wenn sie „civic", also politisch beziehungsweise liberal, sind und schlecht, wenn sie einen ethnischen Charakter haben. Smith hält diese Zweiteilung für irreführend, denn alle Nationen haben seiner Ansicht nach einen ethnischen Nabel, also alle sind ethnischen Ursprungs, auch diejenigen, die von den Liberalen als „civic" angesehen werden. Und die zweite ebenfalls falsche Einschätzung des Nationalismus sieht Smith in der Vorstellung, dass Nationalismus im Zuge der „Postmoderne" nicht länger von großer Bedeutung sei. Nationalismus sei weiterhin ein nicht zu unterschätzender Faktor, wie der Zerfall der Sowjetunion und auch Jugoslawiens gezeigt hätten.

Während Smith sich zwischen Modernisten und Primordialisten bewegt, so steht der für den Ausdruck der „Imagined Communities" bekannte Nationalismusforscher Benedict Anderson[70] auf der Seite der Modernisten. „Imagined Communities: Reflections on the Origin and Spread of Nationalism" (2006) ist der Titel von Andersons bekanntestem Buch, in welchem er ebenso wie bereits Kedourie vor ihm Nationen als „Erfindungen" beschreibt:

„(I)t is an imagined political community – and imagined as both inherently limited and sovereign. It is *imagined* because the members of even the smallest nation will never know most of their fellow-members, meet them, or even hear of them ...the nation is imagined as *limited* because even the largest of them (...) has finite, if elastic, boundaries, beyond which lie other nations. No nation imagines itself coterminous with mankind." (Anderson 2006: 6 f)

Im Unterschied zu Kedourie sucht er die Ursprünge des Natio-

70 Der Brite Benedict Anderson ist Experte für politische Geschichte und Kultur Indonesiens. Sein Bruder Perry Anderson war lange Zeit Herausgeber des New Left Review (NLR). Auch Benedict Anderson sieht sich als in der marxistischen Denktradition stehend. Seine Betonung der Konstruiertheit des Nationalismus hat häufig postmoderne Anklänge. Laut Smith ist Andersons Nationalismusforschung insbesondere bei Kultur- und Politikwissenschaftlern (im Bereich der Internationalen Beziehungen) auf Interesse gestossen, während Gellners materialistische Nationalismustheorie in erster Linie bei Soziologen und Sozialanthropologen Gehör gefunden hätte (Vgl. Smith 1996: 134).

nalismus jedoch nicht in der Ideengeschichte, da er ebenso wie Gellner nationalistische Ideologien für nicht sehr originär hält.[71] Im Aufkommen des „Druckkapitalismus" (print capitalism) sieht Anderson die Ursache für den Nationalismus. Das Aufkommen des Buchdrucks und die Entwicklung des Zeitungswesens haben seiner Ansicht nach dazu geführt, dass die Vorstellung von der imaginierten Gemeinschaft, von der Nation, verbreitet wurde. Der „print capitalism" entspringt laut Anderson dem Zusammenspiel von technologischer Innovation und einer neuen ökonomischen Logik, der kapitalistischen. Wie alle kapitalistischen Produzenten würden auch diejenigen aus dem Druckbereich auf einen möglichst großen Absatzmarkt angewiesen sein. Die dünne Schicht von Schriftkundigen des Agrarzeitalters (Latein) sei den Kapitalisten der Druckbranche zu klein gewesen und somit hätten sie versucht, ihren Radius zu erweitern, indem sie sich den lokalen Dialekten/Sprachen zugewandt hätten. Diese lokalen Sprachen hätten im Zuge der Reformation und ihrer religiös motivierten Verbreitung der Schriftkundigkeit an Bedeutung gewonnen. Neben der Reformation sieht Anderson in der Revolutionierung des Verständnisses von Zeit, die sich im Zuge der Aufklärung vollzogen habe, einen der Hauptgründe für das Aufkommen der Idee von der „imaginierten Gemeinschaft". Es habe ein Wandel von kosmologischen, ganzheitlichen Zeitvorstellungen zu einem einheitlichen linearen Zeitverständnis stattgefunden (Vgl. Anderson 1996: 22 f). Dieses neue Zeitverständnis sei mittels des Druckkapitalismus in Form von Romanen und Zeitungen, die in den jeweiligen Landessprachen verfasst waren, verbreitet worden. Auf diese Weise sei die Grundlage für Nationalismus, also das Imaginieren einer Gemeinschaft, gelegt worden. Warum fiel das Interesse der „Druckkapitalisten" nach größeren Absatzmärkten jedoch auf fruchtbaren Boden?[72] Worauf basiert das im Zuge der Moderne weitverbreitete Bedürfnis nach der Identifi-

---

[71] Roman Szporluk, der sich intensiv mit Friedrich List beschäftigt hat und den Nationalismus von List mit dem Kommunismus von Marx in „Nationalism and Communism" (1988) verglichen hat, ist hinsichtlich Andersons These von der „Armut" nationalistischer Theorie anderer Ansicht: „If List had not existed it would have been necessary to invent him. ‚The Marx of nationalism', I could tell my students, ‚was Friedrich List'." (Szporluk 1998: 31)

[72] O'Leary verweist zudem darauf, dass es in den Sowjetrepubliken keine „Druckkapitalisten" gegeben habe, sondern hier ein sozialistisches Regime die Schriftkundigkeit in den jeweiligen Nationalsprachen gefördert habe (O'Leary 1996: 80).

kation mit einer Nation? Auf diese Fragen gibt Anderson keine hinreichenden Antworten. Er konzentriert sich, wie der Politikwissenschaftler Michael Lessnoff es treffend formuliert hat, mit seiner These von den „Imagined Communities“ und dem „Druckkapitalismus“ auf die Angebotsseite und erklärt nicht, worauf die Nachfrage nach nationalistischer Identifikation beruht (Vgl. Lessnoff 2002: 43).

Aus dem Umfeld des New Left Review (NLR) gibt es einen weiteren wichtigen Beitrag zur Nationalismusforschung: „The Break-up of Britain – Crisis and Neo-Nationalism“[73] lautet der Titel von Tom Nairns neo-marxistischer Auseinandersetzung mit dem Phänomen Nationalismus. Nairn unterzieht seine eigene intellektuelle Heimat, den Marxismus, einer radikalen Kritik angesichts dessen Unfähigkeit, Nationalismus zu verstehen:

„The theory of nationalism represents Marxism's great historical failure. It may have had others as well (...). Yet none of these is as important, as fundamental, as the problem of nationalism, either in theory or in political practice. (...) My thesis is that this failure was inevitable.“ (Nairn 1977: 329)

Ebenso wie Gellner sieht Nairn den Marxismus angesichts des Problems des „Zustellfehlers“ in Erklärungsnot. Der Kern des Marxismus besteht in der Vorstellung, dass die Geschichte eine Geschichte der Klassenkämpfe sei. Nationen und Nationalismen sind aus marxistischer Sicht nur Nebeneffekte kapitalistischer Entwicklung, die für den Verlauf der Geschichte eine untergeordnete Bedeutung haben. Nairn konfrontiert dieses marxistische Credo mit der Realität: Im Laufe der Verbreitung des Kapitalismus sind die alten sozialen Strukturen untergraben worden und es haben sich neue Strukturen entlang nationaler Grenzen gebildet. Religiöse Grenzen hätten in der Geschichte ebenfalls eine entscheidende Rolle gespielt,

---

[73] Nairn kontrasiert in seinem Buch die Entwicklung des Nationalismus in Europa mit der Abwesenheit eines politischen Nationalismus in Schottland. Er schreibt: „(...) Scotland can be seen as a ‚negative image‘ of general European nationalist development. There is a sense in which it tells us much more than any ‚positive‘ example could: for, of course, in all actual case-histories of nationalism general and specific factors are fused together almost inextricably. Whereas in Scotland, where so many particular factors favoured nationalism so powerfully, it is easier to detect (simply by its absence) what the basic causative mechanism must have been.“ (Nairn 1977: 123)

bevor nationale Grenzen bedeutsam wurden. Nairn betont, dass Klassen nie das vorrangige soziale Element in der gesellschaftlichen Entwicklung gewesen seien (Nairn 1977: 353). Nairn folgert aus dieser Erkenntnis nicht, dass Nationen die treibenden Kräfte gesellschaftlicher Entwicklung seien. Er setzt nicht Nationen an die Stelle von Klassen, denn in Übereinstimmung mit Gellner sieht er Nationen nicht als immerwährende Einheiten an, die nur darauf gewartet hätten „erweckt" zu werden. Nein, Nationen sind auch nach Überzeugung von Nairn erschaffen worden.

Nationalismus muss nach Nairns Überzeugung als eine Reaktion auf ungleiche Entwicklung verstanden werden:

„ ‚Nationalism', in that sense which has dominated historical development since early in the 19th century, was in essence the forced reaction of one area after another to the spread of capitalism. This process has been awarded other titles too: ‚westernization', ‚modernization', or simply ‚development'. What matters here is that this complex, long-term movement arose chiefly in areas of what one may call absolute deprivation." (Nairn 1977: 127 f)

Im Rahmen der Modernisierung, der Industrialisierung, entsteht im deutlichen Kontrast zu vormodernen Gesellschaftsstrukturen ein Drang zur Gleichheit. Die sozio-ökonomischen Gründe für das im Zuge der Moderne aufkommende Ideal der Gleichheit hatten wir bei der Diskussion von Gellners Nationalismustheorie bereits beleuchtet. Gesellschaftliche Ungleichheit ist auch in Industrieländern vorhanden, aber sie führt erst dann zu Konflikten, wenn sie entlang kultureller Grenzen verläuft. Es ist nicht ganz ersichtlich, weshalb Nairn seine Vorstellungen zum Nationalismus als „marxistisch" ansieht, da sie in erster Linie darin bestehen, den Marxismus zu kritisieren. Und Nairn ist kein Idealist, der die eklatanten Probleme des (wissenschaftlichen) Marxismus mit einer romantischen Vision vom Sozialismus im Sinne des jungen Marx übertünchen würde. Nairn ist ein Materialist, der harsche Kritik am marxistischen Materialismus übt und der intellektuell zu aufrichtig ist, um in einen postmodernen „Marxismus" abzugleiten.[74] Im Großen und Ganzen ist seine Erklärung des Nationalismus sehr nahe an Gellners Nationalismustheorie.

---

[74] Vgl. Nairns einschlägige Kritik an „Multitude" von Michael Hardt und Antonio Negri (Nairn 2005).

Beide sehen die sozio-ökonomischen und sozio-kulturellen Veränderungen der Moderne als ursächlich für das Aufkommen des Nationalismus an. Nur das Vokabular erinnert bei Nairn noch an seinen marxistischen Hintergrund: Nairns „Kapitalismus" ist Gellners „Industrialisierung" sehr ähnlich.

„Melde gehorsamst: Das ja!" Ebenso wie Gellner, stammt ein weiterer bekannter Nationalismusforscher aus der Heimat des braven Soldaten Schwejk: Karl W. Deutsch ist ebenfalls aus Prag. Auch Deutsch ist in den dreißiger Jahren vor der mörderischen Variante des deutschen Nationalismus geflohen, und zwar in die Vereinigten Staaten.[75] Und ebenso wie alle bislang diskutierten Nationalismusforscher, mit Ausnahme von Smith, ist Deutsch ein Modernist. „Nationalism and Social Communication" lautet die Monographie von Deutsch, mit der er seinen bekanntesten Beitrag zur Nationalismusforschung geleistet hat. Deutsch ist im Gegensatz zu Gellner nicht bestrebt eine kausale Erklärung für das Aufkommen des Nationalismus zu finden, sondern ihm geht es in erster Linie um eine definitorische Eingrenzung des Phänomens Nationalismus. Er sieht Nationalismus als eine Ideologie an, die über moderne Kommunikationsmittel Verbreitung gefunden hat. Die Massenmedien haben laut Deutsch der nationalistischen Propaganda zum Durchbruch verholfen. So erklärt Deutsch die weltweite Verbreitung nationalistischer Vorstellungen. Eine Ideologie bedient sich moderner Kommunikationskanäle und wird damit erfolgreich. Zwei Probleme ergeben sich aus der Theorie von Deutsch. Zum einen würde seine Theorie bedeuten, dass auch andere Ideologien sich der

---

[75] Der Politikwissenschaftler Karl W. Deutsch (1912–1992) entstammte einer deutschsprachigen Prager Familie. Er hatte in den dreißiger Jahren Jura studiert und war dann aufgrund der politischen Situation nach seinem ersten Studienabschluss zunächst nach England gegangen, wo er angewandte Optik studierte. Nach Prag zurückgekehrt erlangte er 1938 seinen Doktor der Rechtswissenschaften an der tschechischsprachigen Karls-Universität. Im Rahmen einer Reise in die Vereinigten Staaten entschloss er sich 1938 für die Emigration und blieb in den USA. Sein in der Nationalismusforschung bekanntes Werk „Nationalism and Social Communication" ist seine Dissertation in Politikwissenschaft von 1951 an der Harvard University. Deutsch war als Professor an verschiedenen US-amerikanischen Universitäten tätig, u.a. am MIT, an der Yale University und an der Harvard University. Des Weiteren war er von 1977 bis 1987 Direktor des Internationalen Instituts für Vergleichende Gesellschaftsforschung des Wissenschaftszentrums Berlin für Sozialforschung.

Kommunikationskanäle bedienen könnten, um ihre Anhängerschaft enorm zu vergrößern. Wäre dies korrekt, dann könnte man einfach über die Medien eine bestimmte Ideologie verbreiten, die dann von der Bevölkerung bereitwillig übernommen wird. Deutsch macht den Fehler, dass er sich ebenso wie auch Anderson hauptsächlich auf die Angebotsseite nationalistischer Ideologien bezieht und hinsichtlich der Nachfrageseite keine Erklärung liefert. Ist Nationalismus deshalb so weit verbreitet, weil es moderne Kommunikationskanäle gibt? Warum fallen dann andere Ideologien, die sich ebenfalls moderner Kommunikationsmittel bedienen, nicht oder verleichsweise schwach auf fruchtbaren Boden? Es ist nach Gellners Überzeugung für das Verständnis des Nationalismus nicht relevant, was die Medien für Ideen verbreiten, sondern es sind die Medien als solche, die Nationalismus befördern. Das Kommunikationsmittel, die Massenmedien als Teil der kontextfreien Kommunikation innerhalb einer Industriegesellschaft, sind ihrer Form nach nationalistisch. Die „Botschaft" dieser Kommunikationsform ist, dass nur diejenigen vollwertige Mitglieder der jeweiligen Gesellschaft sind, die diese Kommunikation beherrschen und damit am gesellschaftlichen Leben teilhaben können. Die eigentlichen Nachrichten, die über moderne Kommunikationskanäle vermittelt werden, mögen für die Ausformung der jeweiligen nationalen Identifikation bedeutsam sein, aber der Inhalt ist für das Verständnis des Nationalismus als allgemeinem Phänomen einer Transitions- oder Industriegesellschaft nicht relevant.

Unter den bekanntesten Nationalismusforschern gibt es einen weitern selbstbekennenden Marxisten, der auch zu den Modernisten gehört: Eric J. Hobsbawm. Ebenso wie bei Nairn ist auch beim Lesen von Hobsbawm nicht ganz ersichtlich, worin sein Marxismus besteht. Dass er de facto Kommunist war, bezeugt seine Mitgliedschaft in der britischen kommunistischen Partei, die bis zu deren Auflösung bestand. Hobsbawms bekanntester Beitrag zur Nationalismusforschung lautet „Nations and Nationalism since 1780" (1990) und sein vorrangiges Anliegen besteht darin, die Modernität des Nationalismus historisch nachzuweisen und die hinter der Konstruktion des Nationalismus verborgenen Interessen aufzudecken.

Nationalismus entspringt nach Ansicht von Hobsbawm „erfundenen Traditionen", die von den herrschenden Eliten konstruiert worden seien, um die Massen politisch zu kontrollieren beziehungsweise zu manipulieren. Die eigentlichen Akteure des Nationalismus sind somit für Hobsbawm die herrschenden Klassen, die seit 1830 historistische Erfindungen über nationale Geschichte, Mythologie und den passenden Symbolismus in die Welt gesetzt hätten. Insbesondere um 1870 sei es in Europa zu einem Boom nationalistischer Bekundungen in Form von Volksfesten, Gefallenengedenken, Nationalflaggen und -hymnen etc. gekommen. Die nationalistischen Traditionen seien bewusst von den gesellschaftlichen Eliten erfunden worden, um der jeweiligen Bevölkerung ein Identifikationsmerkmal zu bieten und sie damit von den eigentlichen gesellschaftlichen Problemen abzulenken. Man könnte sagen, dass Hobsbawm den Nationalismus als eine Art Opium sieht, welches der Unterbindung von Klassenkämpfen dient. Nationalismen sind laut Hobsbawm „exercises in social engineering which are often deliberate and always innovative" (Hobsbawm/Ranger 1983: 17). An anderer Stelle wird Hobsbawm noch deutlicher und bezeichnet Nationen und Nationalismen als moderne Variante von „Brot und Spielen" (Hobsbawm/Ranger 1983: 267ff). Aber weshalb sind „die Massen" empfänglich für diese „Manipulation"? Hobsbawms Nationalismustheorie mit den Eliten als einzig relevanten Akteuren ist in Erklärungsnot, wenn es um die Nachfrageseite geht.

Auch Hobsbawm schließt sich der seit Kohn gängigen Einteilung in westliche und östliche oder liberale und ethnische Nationalismen an. Die liberalen Nationalstaaten sind seiner Ansicht nach England (geprägt durch ökonomischen Liberalismus) und Frankreich (geprägt von der Französischen Revolution). Hier stand noch die Nationalökonomie im Sinne von List mit einer bestimmten Bevölkerungsgröße, also einem entsprechend großen Binnenmarkt, im Vordergrund. Dieser erste Nationalismus dauerte bis 1870, als ein zweiter Nationalismus auf den Plan trat, der die ethnische oder sprachliche Zugehörigkeit anstelle der zuvor politisch definierten Zugehörigkeit zum Hauptprinzip nationaler Identität machte. Diese in Osteuropa vorherrschende Art von Nationalismus schlug sich in Xenophobie und insbesondere in virulentem Antisemitismus nieder. Der deutsche Nationalsozialismus stellt den Gipfel des ethnischen Nationalismus dar. Die Bedeutung von Nationalismus hat nach Ansicht von Hobsbawm in der heutigen Welt aufgrund der Globalisierung abgenommen.

Hobsbawm betont in „Nations and Nationalism since 1780" (1990) einleitend, dass Nationalisten keine guten Nationalismusforscher sein könnten. Sein eigener vehementer Antinationalismus scheint für ihn kein Hindernis für die wissenschaftliche Beschäftigung mit Nationalismus darzustellen. Er drückt sich besonders eklatant in seiner offen zur Schau gestellten Verachtung für den israelischen Nationalismus aus. Hobsbawm sieht nicht, dass der Zionismus eine Form des Nationalismus darstellt, der wie alle anderen Nationalismen auch aus der im Zuge der Moderne erfolgten veränderten Beziehung zwischen Kultur und Macht resultiert. Hier zeigt sich, dass Hobsbawm einem kommunistischen Ideal verhaftet ist, das jegliche Nationalismen als archaisch ablehnt. Nationen und Nationalismen sind, da hat Hobsbawm Recht, Konstrukte. Aber Gellners materialistische Erklärung dieser Phänomene ist weitaus schlüssiger als Hobsbawms idealistische Vorstellung, dass es nur der richtigen Akteure bedürfe, um diese Konstrukte zu „dekonstruieren".

Zwei offenkundig unter Nationalismusforschern nicht seltene Eigenschaften finden sich kombiniert bei Miroslav Hroch: Er stammt aus Prag[76] und hat seine ideologische Heimat im Marxismus.[77] 1968

[76] Prag war in der Vorkriegszeit von mindestens drei Kulturen geprägt: der tschechischen, der deutschen und der jüdischen, dem „triangel of the three Prague cultures" (Musil 1996: 37). Zudem war Prag das neue Zuhause von überwiegend liberal und sozialdemokratisch eingestellten Emigranten aus der Ukraine und Russland. Jiri Musil vergleicht Gellners Nationalismusforschung mit den Ideen anderer Prager (Emanuel Rádl, Tomas Masaryk, Hans Kohn, Karl Deutsch) und kommt zu dem Schluss: „None of them, (...), formulated the role of the industrial society in the development of nationalism as clearly as Gellner." (Musil 1996: 38) Zu Rádls Philosophie hat Shimona Löwenstein die einschlägige Monographie „Emanuel Rádl – Philosoph und Moralist 1873–1942" (1995) verfasst. Rádls Überlegungen zum Nationalismus waren gewissermaßen Vorläufer von Hans Kohns Arbeiten und seinem Dualismus zwischen westlich politischem Nationalismus (basierend auf dem freien Willen der Bürger) und dem ethnisch-romantischen Nationalismus Deutschlands und seiner östlichen Nachbarn. Rádl bewertet den politischen Nationalismus positiv und kritisiert den ethnisch-romantischen Nationalismus als potenziell gewalttätig. Löwenstein hebt hervor: „Die ‚deutsche Ideologie' mit ihren organischen Theorien ist nach Rádls Meinung schon deshalb fragwürdig, weil sie das Wesen des Staates mißversteht. Die *Staaten* bedeuten für sie nicht das Ergebnis der organisatorischen Bestrebungen der bürgerlichen Gesellschaft, sondern ein Instrument der Vorsehung zur Erfüllung ihrer Ziele. Diese Spekulationen führen nur zur Phantastik und letztlich zur Gewalt. (...) Es gibt weder eine ewige Volksseele noch einen vorherbestimmten Sinn des Staates, ebenso wie es keinen

erschien auf Deutsch sein Beitrag zur Nationalismusforschung: „Die Vorkämpfer der nationalen Bewegung bei den kleinen Völkern Europas – Eine vergleichende Analyse zur gesellschaftlichen Schichtung der patriotischen Gruppen". Hroch untersucht nationale Bewegungen mithilfe von zweierlei Kategorisierungen: Zum einen teilt er Gesellschaften in feudale und kapitalistische ein und zum anderen hat er ein Stufenmodell hinsichtlich der Erschaffung von Nationen erstellt.

Mit seiner Gegenüberstellung von feudalen und kapitalistischen Gesellschaften gleicht Hroch eher dem nicht-marxistischen Teil der Soziologie. Somit geht aus seiner Nationalismusforschung nicht hervor, wie sich der vom Marxismus prognostizierte Schritt vom Kapitalismus zum Sozialismus auf den Nationalismus auswirken wird.

Die Entwicklung von Nationen analysiert Hroch mittels seines dreistufigen Modells. In der Phase A sind Aktivisten damit beschäftigt, die Grundlagen nationaler Identität zu legen. Zu diesem Zweck erforschen sie die kulturellen, sprachlichen, sozialen und ggf. noch weiteren geschichtlichen Eigenschaften einer gesellschaftlich nichtdominanten Gruppe. Diese frühen Aktivisten, so betont Hroch, sind oft nicht Mitglieder der jeweiligen Nation, deren Geschichte sie erforschen. Definiert wird die Nation interessanterweise oftmals von außen und nicht von innen. Nachdem die Nation „erforscht" ist, folgt die Phase B, in welcher es zu nationalistischer Agitation kommt und das Nationalbewusstsein „erweckt" wird. In der abschließenden Phase C entsteht dann eine nationale Massenbewegung (Hroch 2000: 23 f).

Hroch betont, dass sein Phasenmodell sich in erster Linie auf „kleine Länder" beziehe. Darunter versteht er nicht Länder, die geographisch betrachtet klein sind, sondern Länder, die bislang noch keinen Staat besaßen und sich demzufolge ihr politisches Dach im Zuge der Nationalstaatsbildung aufbauen mussten (Hroch 2000: 9). „Große" Nationen wären demgegenüber diejenigen Nationen, die ungeachtet ihrer geographischen Größe, bereits einen Staat zur Verfügung haben und somit keine soziale Ingenieursarbeit zu leisten

---

objektiven gesetzmäßigen Ablauf der Geschichte gibt." (Löwenstein 1995: 209)

[77] Über seinen marxistischen Hintergrund schreibt Hroch: „We shall not disguise the fact that the generalising procedures we use in investigating hidden class and group interests and social relations are derived from the Marxist conception of historical development." (Hroch 2000: 17)

haben.

Nationalismus lässt sich laut Hroch in vier Formen finden. So gibt es den „integrierten Typus“ der nationalistischen Entwicklung. Bereits vor der industriellen oder bürgerlichen Revolution habe der Übergang von Phase A (Erforschung der gemeinsamen Kultur) zu Phase B (nationalistische Agitation) stattgefunden. Daraufhin sei im Zuge der Modernisierung eine moderne Nation entstanden und eine eigene Arbeiterklasse habe sich gebildet. Ein Beispiel für diesen „integrierten Typus“ stellt der tschechische Nationalismus dar. Die zweite Form des Nationalismus nennt Hroch den „belated type“: Auch hier finden die Phasen A und B bereits vor den bürgerlichen und industriellen Revolutionen statt. Doch im Unterschied zu dem integrierten Typus entsteht die Arbeiterklasse früher, und zwar entweder vor oder während des Übergangs von Phase B (nationalistische Agitation) zu Phase C (Nationalismus als Massenbewegung). Erst im Anschluss an diese Entwicklungen bildet sich die moderne Nation. Der slowakische Nationalismus ist ein Beispiel für diesen „belated type“.

Der dritte Nationalismus wird von Hroch als „insurrectional type“ bezeichnet. Er zeichnet sich dadurch aus, dass schon unter feudalen Strukturen Phase A und B stattfinden und auch Phase C noch vor dem Zusammenbruch der feudalen Strukturen bereits eintritt. Bevor es zu einer bürgerlichen Gesellschaft kommt, hat sich die moderne Nation mithilfe des „insurrectional nationalism“ bereits gebildet. Die Nationen des Balkans sind durch diese Form des Nationalismus geprägt. Und den vierten Nationalismus nennt Hroch „desintegrated“. Hier folgen die frühen nationalistischen Aktivitäten der bürgerlichen und der industriellen Revolution. Die Phase der nationalen Agitation mündet in diesem Fall oft nicht in nationalistischen Massenbewegungen. Hroch hat hier offensichtlich nationalistische Bestrebungen innerhalb Westeuropas vor Augen, die aus seiner Sicht deshalb nicht politisch erfolgreich waren, weil sie sich erst nach der Industrialisierung formiert hätten (Hroch 2000: 27 ff).

Die von Hroch beschriebene Phase A ist im Vergleich von „kleinen“ und „großen“ Nationen äußerst interessant. „Klein“ steht, wie erwähnt, für Nationen, die sich ihr politisches Dach noch schaffen müssen und die auch oftmals nicht über eine Hochkultur verfügen. „Große“ Nationen sind demgegenüber die westlichen vormals dynastischen Staaten, denen bei der Gründung ihres modernen Nationalstaates sowohl bereits ein Staat als auch eine Hochkultur zur Verfügung standen. Beispiele für diese „großen“ Nationen sind England, Frankreich, Spanien und Portugal. Im Falle der „großen“ Nationen diente die bereits vorhandene Hochkultur als Grundlage des sich etablierenden Nationalstaates. Diese Kultur wurde im Zuge der Modernisierung der gesamten Gesellschaft übergestülpt, wobei die Lokalkulturen, die Volkskulturen, zerstört wurden. Es wurde kein Populismus betrieben, so dass beispielsweise die Bezeichnung „Bauer“ in diesen „großen“ Nationen eher zum Repertoire der Schimpfwörter gehörte. Die einst elitäre Hochkultur wurde zur sozialen Messlatte innerhalb der „großen“ Nationen.[78] Die entgegengesetzte Entwicklung, der Populismus in Form der Romantisierung von Lokalkulturen, beginnt in der Mitte Europas, in Deutschland, der Wiege der Romantik, und ist insbesondere bei denen von Hroch untersuchten „kleinen“ Nationen Osteuropas zu Hause. Je weiter man sich von Westeuropa in Richtung Osten bewegt, desto mehr verschiebt sich die Bedeutung von „Bauer“ vom Schimpfwort zur Ehrbezeichnung. Wie Hroch mittels der Untersuchung der politischen Entwicklung der „kleinen“ Nationen zeigt, werden in diesen Nationen vorherige Volkskulturen zu Hochkulturen erhoben, sprich: die Nationalstaatsbildung findet auf der Basis von bäuerlichen Lokalkulturen statt und nicht, wie bei den „großen“ Nationen, auf Kosten der Lokalkulturen.[79] So erklärt sich auch die Popularität populistischer Vorstellungen, die bei „kleinen“ Völkern weitaus stärker ist als bei „großen“ Völkern. Anstelle der unterschiedlichen Bewertungen von „Bauer“ könnte man auch die unterschiedliche Bedeutung von Volkskulturen für die nationale Identität unter den Rubriken „Vergessen“ und „Erinnern“ fassen. Ernest

[78] In „Das Europa der Nationen – Die moderne Nationsbildung im europäischen Vergleich“ (2005) bemerkt Hroch hierzu: „Für das 18. Jahrhundert ist belegt, dass aristokratische Gebildete sich über Dialekte belustigten und damit ihre Überlegenheit über die niederen Volksschichten demonstrierten. Das war das genaue Gegenteil der Haltung, die einige Jahrzehnte später die Romantiker und auch die Patrioten in vielen Nationalbewegungen zur Volkssprache einnahmen.“ (Hroch 2005: 63 f)

[79] Die Schaffung von Nationalstaaten findet im östlichen Teil Europas ebenfalls auf Kosten der Lokalkulturen statt. Nur ist es hier eine der Lokalkulturen, die die anderen Lokalkulturen dominiert, während es im Westen eine bereits bestehende Hochkultur ist, die die Lokalkulturen unterhöhlt.

Renan spricht in seiner berühmten Abhandlung „Was ist eine Nation?“ stellvertretend für die „großen“ Nationen, wenn er die Bedeutung des Vergessens von Lokalkulturen für die Nation unterstreicht, um den nationalen Zusammenhalt zu gewährleisten.[80] Die „kleinen“ Nationen, die aus Volkskulturen Hochkulturen erschaffen haben, sind jedoch keineswegs mit dem Vergessen, sondern mit dem Erinnern beschäftigt, denn „Erinnern“ ist die Basis ihres nationalen Zusammenhalts. Gellner formuliert pointiert:

„In the East they remember what never occurred, in the West they forget that which did occur.“ (Gellner 1994: 192)

Das Problem von Hrochs Nationalismusforschung ist, dass er sowohl Nationen als auch Klassen als die Hauptakteure der Geschichte betrachtet. Nationen sind für ihn kein Produkt des Nationalismus, sondern immerwährende Einheiten, die lediglich „erweckt“ wurden:

„In contrast with the subjectivist conception of the nation as the product of national consciousness, nationalism, the national will and spiritual forces, we posit the conception of the nation as a constituent of social reality of historical origin. We consider the origin of the modern nation as the fundamental reality and nationalism as a phenomenon derived from the existence of that nation.“ (Hroch 2000: 3)

Und Klassen sind nach Überzeugung von Hroch der Motor der geschichtlichen Entwicklung. Hroch hält an der marxistischen revolutionären Entwicklungsvorstellung fest und sieht parallel dazu die Relevanz von Nationen für die moderne politische Entwicklung. In diesem Sinne versucht er sowohl den Marxismus als auch den Nationalismus als wissenschaftliche Phänomene darzustellen. Aber weder Klassen noch Nationen sind historische Gesetzmäßigkeiten. Wie wir anhand von Gellners vergleichender Untersuchung von Agrar- mit Industriegesellschaften gesehen haben, sind Nationen ein Spezifikum der modernen Industriegesellschaft und keine immer-

---

[80] So schreibt Renan: „(...) the essential element of a nation is that all its individuals must have many things in common, but also have forgotten many things. Every French citizen must have forgotten the night of St. Bartholemew and the massacres in the thirteenth century in the South. (...) It is good for all of us to know how to forget.“ (Renan, zitiert nach Kohn 1955: 137 f)

währenden politischen Einheiten, die nur „erweckt" werden mussten. Sie mussten nicht „erweckt", sondern erschaffen werden.

Hrochs reichhaltiges empirisches Material zeigt sehr deutlich, wie in seiner Phase A die Nationen erschaffen wurden. Nichtsdestotrotz unterstellt er dem Nationalismus ein „Erwecker" von Nationen zu sein. Kulturelle Unterschiede sind jedoch nur dann politisch bedeutsam, wenn sie mit sozialer Ungleichheit zusammenfallen. Dass soziale Ungleichheit und kulturelle Unterschiede zwei miteinander verwobene Faktoren sind, deren Zusammenspiel entscheidet, ob es zu nationalistischen Konflikten kommt oder nicht, hat keinen Platz in Hrochs Schema. Hroch versucht den marxistischen Historizismus zu untermauern und ebenso den Erweckungsmythos der Nationalisten zu legitimieren. Dabei übersieht er, dass sowohl Klassen als auch Nationen nicht ohne ihre sozio-ökonomische Basis, die Industriegesellschaft, existieren können. Und ihre politische Sprengkraft entwickeln sie nur zusammen, wie wir anhand von Gellners Klassifizierung anschaulich gezeigt haben. Die sozio-ökonomischen Bedingungen einer Transitions- oder Industriegesellschaft bringen Klassen hervor (im Gegensatz zu Ständen in Agrargesellschaften), und sie führen zur Durchdringung der Gesellschaft mit einer Hochkultur und damit zu kultureller Identitätsstiftung. In Agrargesellschaften gibt es keine Klassen und auch keine alle Gesellschaftsmitglieder prägende und identitätsstiftende Hochkultur. In anderen Worten: Die Vorstellung von der Geschichte als Geschichte der Klassenkämpfe ist ebenso ein Mythos wie die Idee, dass Nationen immerwährende Einheiten sind, die „erweckt" werden können.

14 KRITIK AN GELLNERS NATIONALISMUSTHEORIE

Nachdem wir Gellners Nationalismustheorie im Vergleich zu anderen Nationalismustheorien betrachtet haben, ist es angebracht, die konkrete Kritik an seiner Nationalismustheorie zu diskutieren.

Es sind verschiedene Kritikpunkte, die des Öfteren im Zusammenhang mit Gellners Nationalismustheorie geäußert werden. Von mehreren Autoren wurde die Kritik hervorgebracht, dass Gellners Nationalismustheorie zu funktionalistisch sei. So schreibt beispielsweise David Laitin: „(...) Gellners's work, especially apparent today when modernisation theory has faced generations of critics, is deeply flawed. Its functionalism runs mad. (...) In functionalist logic, the identification of a ‚need' is used to explain an outcome, ignoring the historical reality that many needs go unfulfilled, to the detriment of organisations and individuals. The need itself, it should be apparent, can hardly explain its fulfilment, though Gellner often writes that it can." (Laitin 1998: 137)

Haben Laitin und andere Kritiker Recht, dass Gellners Nationalismustheorie zu funktionalistisch sei? Wie Laitins Kritik deutlich macht, versteht er unter funktionalistisch zugleich eine teleologische Vorgehensweise. Es ist jedoch wichtig, funktionalistisch nicht mit teleologisch gleichzusetzen.[81] Ersteres ist eine wissenschaftliche Vor-

[81] Auch Lessnoff macht in seiner kritischen Auseinandersetzung mit Gellners Nationalismustheorie den Fehler „funktionalistisch" mit „teleologisch" gleichzusetzen, wenn er schreibt: „That theory (Gellner's, BTG) appears to many commentators to offer an explanation that is essentially functionalist: industrialism

gehensweise, während letzteres zu Recht als unzulässig innerhalb der Wissenschaft gilt. Was ist funktionalistisch an Gellners Nationalismustheorie? Funktionalistisch ausgedrückt geht Gellner von der Wahlverwandtschaft zwischen Industrialisierung und Nationalismus aus, sprich: Nationalismus ist nach Ansicht von Gellner unter den Bedingungen einer sich industrialisierenden Gesellschaft unausweichlich. Die steigende Relevanz einer nationalen Hochkultur und das Untergraben der alten vormodernen gesellschaftlichen Ordnung sowie die damit verbundene Erosion von lokaler Identitätsstiftung führen zu einer neuen Form der Identitätsstiftung, der nationalen. All dies geschieht vor dem Hintergrund der in vielerlei Hinsicht extrem bedeutsam gewordenen kontextfreien Kommunikation. In diesem Sinne ist Gellners Nationalismustheorie funktionalistisch, denn Gellner erläutert, warum die Wahlverwandtschaft zwischen der Moderne und dem Nationalismus von Bestand ist: Sie erfüllt eine Funktion. Eine Industriegesellschaft benötigt für ihr Wachstum den technologischen Fortschritt, der wiederum auf moderne Bildung angewiesen ist, die über eine Hochkultur vermittelt wird. Für Gellner ist eine funktionalistische Erklärung, eine Vorgehensweise, die in der Sozialanthropologie üblich ist und bei anderen Sozialwissenschaftlern manchmal mit Unbehagen einhergeht[82], eine zulässige wissenschaft-

---

requires nations, therefore nations came into being." (Lessnoff 2002: 39) Wie Lessnoff an anderer Stelle einräumt, bedeutet eine funktionalistische Vorgehensweise, die Beständigkeit von Phänomenen (wie in diesem Fall des Nationalismus) und nicht ihr Zustandekommen zu erklären. Das Zustandekommen, also die Ursprünge eines Phänomens, funktionalistisch zu erklären, wäre keine funktionalistische Vorgehensweise mehr, sondern eine teleologische. Die obige Aussage von Lessnoff über die vermeintliche Essenz von Gellners Nationalismustheorie (Industrialisierung benötigt Nationen, so dass diese aus diesem Bedürfnis entstanden seien) ist sowohl falsch als auch teleologisch.

[82] O'Leary schreibt hierzu: „Functionalism is characteristic of historical materialism (...), and forgivable in a social anthropologist, but it is less easily accepted by philosophers, political scientists, and other social scientists committed to causal explanations or methodological individualism." (O'Leary 1996: 85) Chris Hann betont, dass Gellner den Funktionalismus als pragmatische Methode hilfreich findet, aber nicht als eine generelle Doktrin: „(...), functionalism was evaluated positively (by Gellner, BTG) for pragmatic reasons: the methods it taught generated insight into how real societies organized their affairs, even if the theory was suspect. Gellner has reserved the right to argue that anthropologists might one day wish to return to some of the larger questions of history and theory which the functionalists brushed aside." (Hann 1996: 47) Und Gellner bewertet Funktionalismus als Methode als durchaus hilfreich: „The importance of ‚functionalism' lay not

liche Vorgehensweise. Dieses Unbehagen beruht zu einem nicht geringen Teil auf dem Missverständnis, dass funktionalistisch zugleich teleologisch bedeuten würde. Was wäre eine teleologische Argumentation im Hinblick auf Gellners Nationalismustheorie? Wenn Gellner teleologisch argumentieren würde, dann würde seine Theorie so lauten: Nationalismus entspringt dem Bedürfnis einer sich industrialisierenden Gesellschaft. Es gibt Nationalismus, also das Bestreben eine bestimmte Hochkultur an die Macht zu bringen, weil die Industrialisierung dies erfordert. Wie wir hier sehen, würde eine teleologische Argumentation die Bedürfnisse der Industrialisierung (u.a. nach kultureller Homogenität) als Ursachen darstellen. In einer teleologischen Argumentation werden Bedürfnisse zu Ursachen gemacht. Offenkundigerweise führt das bloße Vorhandensein von Bedürfnissen, von „needs“, nicht zwangsläufig zu ihrer Erfüllung. Halten wir fest: Gellners Nationalismustheorie ist funktionalistisch und nicht teleologisch. Gellners methodologische Vorgehensweise lässt sich jedoch besser als kausal bezeichnen, denn neben der funktionalistischen Erklärung von Nationalismus, besticht seine Nationalismustheorie durch die Kausalität, die sie proklamiert. Industrialisierung und die mit ihr einhergehende ungleiche Entwicklung sind ursächlich für die Entstehung von Nationalismus. Im Hinblick auf die Akteure zeigt Gellner sehr deutlich, weshalb die Option sich nationalistisch zu verhalten bei den relevanten gesellschaftlichen Gruppen, der Intelligentsia und den Proletariern, vorhanden ist. Und Gellner zeigt auch, dass es sich nicht um einen Automatismus handelt, sondern dass die relevanten Akteure zwischen Optionen wählen. Nationalismus ist unter den Bedingungen der Transition eine naheliegende Option, aber keine zwangsläufige.

Gellner würde die identitätsstiftende Bedeutung des Nationalismus unterschätzen oder ausblenden, ist ein weiterer oft zu lesender Kritikpunkt an seiner Theorie.[83] Aus meiner Sicht ist diese Kritik

---

in its doctrine, which was quite unspecific in its failure to locate that mysterious mid-point (between saying that everything functions and saying that some institutions function, BTG), but in summarizing and conveying a certain state of mind and research strategy – *look for* the way in which institutions reinforce each other and favour stability.“ (Gellner 1988b: 5 f)

[83] Für Perry Anderson ist Gellners Nationalismustheorie „immoderately materialist“, was zu einer Vernachlässigung der identitätsstiftenden Rolle von Nationalismus führen würde. Anderson schreibt: „(...) what it (Gellner's theory, BTG) plainly

keineswegs nachvollziehbar, denn gerade in Gellners Theorie spielt die Identität für das Verständnis des Nationalismus eine wichtige Rolle. Gellner stellt das Phänomen Nationalismus in den Kontext der Unterschiede zwischen Agrar- und Industriegesellschaften und beleuchtet insbesondere die sich im Zuge der Modernisierung verändernde Rolle von Kultur. Wie wir ausführlich diskutiert haben, spielt die veränderte Rolle der Kultur für den Einzelnen/die Einzelne eine herausragende Bedeutung im Hinblick auf seine/ihre Identität. In Gellners Nationalismustheorie nimmt diese neue, unter den Vorzeichen der Industrialisierung hervorgebrachte, Identität eine bedeutende Rolle ein. Und Gellner zeigt sehr deutlich, weshalb unter den modernen Bedingungen die kulturelle Identität eine enorm wichtige Bedeutung bekommt. Nicht nur die ökonomischen Erwägungen des Einzelnen, sondern die Würde des Einzelnen sind mit dem Problem der kulturellen Identität eng verknüpft.[84] Insbesondere die Tatsache, dass Gellner die klassische Einteilung in einen westlichen und östlichen Nationalismus um eine weitere Kategorie, den Diaspora-Nationalismus, ergänzt, zeigt, dass Gellner im Vergleich zu anderen Nationalismusforschern, die den Diaspora-Nationalismus, wenn überhaupt, nur als ethnischen, also östlichen, Nationalismus wahrnehmen, äußerst klar erkannt hat, dass die Identitätskonflikte von (zumeist geächteten) Minderheiten in modernen Gesellschaften im Vergleich zu den Identitätskonflikten von sozial deklassierten „Ruritaniern" (östlicher Nationalismus) nur im Rahmen einer eigenen

---

neglects is the overpowering dimension of collective *meaning* that modern nationalism has always involved: that is, not its functionality for industry, but its fulfilment of identity." (Anderson, P. 1996: 425). Es liegt eine gewisse Ironie darin, dass hier ein Marxist ein vermeintliches Zuviel an Materialismus kritisiert, aber Anderson ist mit seinem „Westlichen Marxismus" eher ein Neomarxist, der (wie die Vertreter der Frankfurter Schule) Marx' Entwicklung vom Idealismus zum Materialismus in die entgegengesetzte Richtung gegangen ist.

[84] Gellner wird in „Reply to Critics" sehr deutlich angesichts der Kritik, dass er die identitätsstiftende Dimension des Nationalismus unterschätzen würde: „(In my theory, BTG) Nationalism is not explained by the use it has in legitimising modernisation – a view with which I am quite mistakingly credited – but by the fact that individuals find themselves in very stressful situations, unless the nationalist requirement of congruence between a man's culture and that of his environment is satisfied. Without such a congruence, life is hell. *Hence* that deep passion (...). The passion is not a means to some end, it is a reaction to an intolerable situation, to a constant jarring in the activity which is by far the most important thing in life – contact and communication with fellow human beings." (Gellner 1996: 626)

Kategorie erfasst werden können. Da die Optionen, die den Ruritaniern und den Mitgliedern von Diasporagruppen offen stehen, unterschiedlich sind, führt eine Zuordnung der Diasporagruppen unter den östlichen/ethnischen Nationalismus zu falschen Schlussfolgerungen.[85] Gellners Modell der für Nationalismus anfälligen und nicht anfälligen gesellschaftlichen Konstellationen beweist ein Gespür für die Relevanz der identitätsstiftenden Rolle von Nationalismus.[86]

Ein weiterer häufig hervorgebrachter Kritikpunkt an Gellners Theorie bezieht sich auf die Akteursebene, genauer gesagt auf die politischen Akteure. Diese Kritik hängt eng mit dem Vorwurf des Funktionalismus zusammen. Eine Reihe von Kritikern argumentieren, dass Gellner den Akteuren des Nationalismus weniger Bedeutung beimisst als sie besitzen würden. Neben den von Gellner beschriebenen Akteuren des Nationalismus, würden die sogenannten externen Akteure, also die bereits etablierten Nationalstaaten, zu wenig berücksichtigt werden. So schreibt beispielsweise O'Leary:

„ ‚Nation-state' formation frequently takes place, as it were, by permission, rather than as a by-product of the strength of indigenous mobilisation for nationhood. Thus the French helped the birth of the American nation; the British empire hastened the collapse of the Spanish empire; the victorious Allies decided the fate and shape of ‚nations' at Versailles and presided over the redistribution of the debris of the Habsburg and Ottoman empires; (...)." (O'Leary 1998: 60 f)

Was O'Leary demnach an Gellners Nationalismustheorie kritisiert, ist, dass die internationale Ebene nicht genügend Beachtung finden würde. Der Autor, der sich im Rahmen der Internationalen Beziehungen eingehend mit Nationalismus befasst hat, ist Edward

85 Ein anschauliches Beispiel für die fälschliche Subsumierung von Diaspora-Nationalismus unter den ethnischen Nationalismus findet sich bei Shlomo Sand (2012).

86 Im Hinblick auf den Diaspora-Nationalismus betont Gellner, dass es wichtig sei, diejenigen, die „nur" machtpolitisch benachteiligt sind, da sie einer Minderheit angehören, nicht zu übersehen: „But the intolerable position, once the process of industrialization begins, of culturally distinguishable populations which are not at an economic disadvantage (quite the reverse), only at a *political* disadvantage which is inherent in their minority status, follows from the same general premisses, and points to the same conclusion, though naturally by its own specific path. To concentrate exclusively on economic disadvantage, which admittedly is prominent in the most typical cases, is to travesty our position." (Gellner 1983: 109)

Hallett Carr. Wie Gellner in seiner Beschäftigung mit den Arbeiten von Carr deutlich macht, handelt es sich bei Carrs Auseinandersetzung mit dem Phänomen Nationalismus um einen anderen Blickwinkel, aus dem dieser Licht auf das Phänomen Nationalismus wirft. Carr stellt die internationalen Beziehungen beziehungsweise die europäische Staatenwelt in den Mittelpunkt seiner Erforschung des Phänomens Nationalismus. Er beschreibt, wie sich Nationalismus auf die Staatenwelt ausgewirkt hat, indem die alten politischen Akteure von neuen ersetzt worden seien: „International relations were henceforth to be governed not by the personal interests, ambitions and emotions of the monarch, but by the collective interests, ambitions and emotions of the nation." (Carr 1965: 8). Die strukturellen Veränderungen auf der Staatsebene werden von Carr erkannt, aber die Ursachen der nun unter nationalen Vorzeichen agierenden Akteure erscheinen als nicht erklärungsbedürftig. Carr stellt die internationalen Konstellationen in den Mittelpunkt seiner Überlegungen und betrachtet das Zusammenspiel dieser neuen Akteure. Er stellt sich nicht die Frage, wie diese neuen Akteure entstanden sind und weshalb es Nationalismus gibt. Das ist Gellners Frage. Und diese Frage erfordert den Blick auf die strukturellen Veränderungen, die zuerst innerhalb der europäischen Gesellschaften und dann weltweit eingetreten sind. Von Hall ist in diesem Zusammenhang an Gellners Nationalismustheorie kritisiert worden, dass er den Einfluss geopolitischer Konflikte auf die Nationalstaatsbildung nicht berücksichtigen würde, denn

„The most dangerous situations arise when rival national movements claiming the same piece of territory are backed by powerful neighbouring states." (Hall 2010: 331)

Diese Kritik geht meines Erachtens an Gellners Fragestellung vorbei. Seine Nationalismustheorie erhebt nicht den Anspruch zu erklären, in welchen Fällen Nationalismus erfolgreich hinsichtlich der Etablierung eines eigenen Nationalstaates ist. Gellners Nationalismustheorie bietet eine Erklärung dafür, wieso die moderne Welt eine Welt der Nationalstaaten ist und weshalb Nationalismus neben Wachstum unter modernen Bedingungen zum Hauptkriterium politischer Legitimität geworden ist.

Oftmals wird an Gellners Nationalismustheorie ihr Modernismus kritisiert. Diese Kritik stammt natürlich in erster Linie von Primordialisten und auch von Smith, der mit seiner Ethnomethodologie – wie wir gesehen haben – zwischen Primordialisten und Modernisten angesiedelt ist. Die Argumente für den Modernismus haben wir bereits ausführlich dargelegt, und in der Diskussion der anderen Nationalismusforscher ist deutlich geworden, dass Primordialismus innerhalb der Nationalismusforschung nicht besonders stark vertreten wird. Die Frage bezüglich des Vorhandenseins von Nationen bevor es zum Nationalismus kam ist eingehend im Unterschied zwischen Agrar- und Industriegesellschaften sowie der veränderten Art und Funktion von Kultur behandelt worden. Es bleibt aber noch zu diskutieren, inwieweit die Kritik zutrifft, dass es bereits vor der Transformationsphase, also vor den beginnenden Modernisierungsprozessen, Nationalismus in nennenswertem Umfange gegeben habe. Wenden wir uns den zwei Beispielen für vormodernen Nationalismus zu, die häufig in der Debatte auftauchen. Es handelt sich um das Aufkommen des griechischen Nationalismus sowie die Entstehung nationalistischer Bewegungen auf dem Balkan. In beiden Fällen ist es in Regionen, die weder industrialisiert waren noch sich in der Transformation befanden, zu Nationalismus gekommen. Sowohl der griechische als auch die ersten Balkan-Nationalismen sind Agrargesellschaften entsprungen. Ist damit Gellners Theorie (und die vieler anderer Modernisten) widerlegt, dass Nationalismus eine genuin moderne Erscheinung ist? Kenneth Minogue (1996) ist überzeugt, dass Gellner die von Kedourie beschworene Relevanz nationalistischer Ideen unterschätzt. Mit seiner materialistischen Nationalismustheorie könne Gellner nicht den Nationalismus in vormodernen Regionen erklären. Auch Kedourie kritisiert Gellner mit Blick auf nationalistische Bewegungen vor der Industrialisierung:

„But this (Gellner's, BTG) attempt to see nationalism as a requisite for industrialization, or a reaction to it, does not fit the chronology of either of nationalism or of industrialization. Nationalism as a doctrine was articulated in German-speaking lands in which there was as yet hardly any industrialization, by writers who themselves were not aware that they were reacting to, or supplying a necessary requisite for industrialization. Again, nationalist ideology spread in areas like Greece, the Balkans and other parts of the Ottoman Empire when they were innocent of industrialization.“ (Kedourie 1993: 143)

Gellner betont, dass die Morea, die Halbinsel Peloponnes, zu der

Zeit der griechischen Unabhängigkeitsbestrebungen vom Ottomanischen Reich, in der Tat nicht den durch die Fabriken geprägten Tälern Lancashires glich (Gellner 1997: 74). Er gibt zu bedenken, dass der erste griechische Aufstand nicht auf dem Territorium des heutigen Griechenlands stattfand, sondern auf dem Gebiet des Ottomanischen Reiches, das heute Rumänien ist. Die Griechen stellten damals in dieser Region eine priviligierte Minderheit dar und ihr Aufstand für Unabhängigkeit war weniger Ausdruck eines modernen Nationalismus, sondern galt dem Bestreben das Ottomanische Reich durch ein Byzantinisches Reich zu ersetzen. Und als der griechische Nationalismus auf dem Gebiet des heutigen Griechenlands stark wurde, kann man zwar nicht davon sprechen, dass diese Entwicklung auf sozio-ökonomischen Veränderungen im Zuge einer beginnenden Industrialisierung auf griechischem Boden beruhte, aber die andernorts bereits sich vollziehenden Veränderungen, insbesondere in Frankreich, warfen ihre Schatten auf die noch „unterentwickelten" benachbarten Regionen. Gellner schreibt:

„The shadow cast ahead of itself by industrialism is the image of an affluent, powerful commercial society, in which traders and producers are not profoundly subjected to a non-economic but exploitative ruling class. Thus, for instance, Greek navigators and traders on say the island of Hydra, when they supported and financed the Greek nationalist revolution, must have been fully aware that traders in, say, Marseilles, were safer, freer and richer than they, and the idea that they would share these advantages in a Greek, non-Ottoman state, if they succeeded in creating it, could hardly have been long in coming. It did not require theoretical ideas about nationalism." (Gellner 1996: 629 f)

Mit dieser Argumentation des „Schattens der Industrialisierung" passt Gellner seine Nationalismustheorie den Fällen von Nationalismus an, die, wie der griechische, nicht unter dem direkten Einfluss der Industrialisierung zustande gekommen sind. Ich halte dieses Argument für plausibel. Im Gegensatz zu den in der Transitionsphase befindlichen Regionen, deren Akteure des Nationalismus die Intelligentsia und die Proletarier sind, gibt es neben dem griechischen Beispiel eine Reihe anderer Länder, deren Nationalismus anfänglich nur von der Intelligentsia ausging. Und Intelligentsias sind, wie an anderer Stelle diskutiert, das Resultat des Kontakts mit der Moderne. Auf sie ist sozusagen der „Schatten" gefallen. Das Gellnersche

Schatten-Argument ist von Kenneth Minogue als „monster-barring device“ abgelehnt worden. „Monster-barring“ ist ein Begriff von Imre Lakatos, mit dem er eine Vorgehensweise bezeichnet, bei der eine Theorie angesichts ihr widersprechender Fakten umformuliert wird, um diesen Fakten gerecht zu werden. In „Reply to Critics“ betont Gellner gegenüber Minogue:

„But monster-barring is a perfectly legitimate procedure when not carried to excess. Better a theory which needs to refine its terms so as to cope with given problems, than an approach which ensures itself against all and any facts from the very start, by its own theory of knowledge.“ (Gellner 1996: 630)

15 AUSBLICK

Gellners Nationalismustheorie zeigt uns, weshalb die Hoffnungen der Liberalen und der Marxisten des 19. Jahrhunderts auf eine kosmopolitische Zukunft beziehungsweise eine weltweite Arbeitersolidarität sich nicht verwirklicht haben.[87] An die Stelle der ersehnten Weltgesellschaft sind die Nationalstaaten getreten. Sie stellen eine Kombination der Werte der alten vormodernen Welt und der neuen modernen Welt dar. In den Grenzen des Nationalstaates sind ihre Mitglieder „frei", es gibt Gleichheit (im Vergleich zur krassen Ungleichheit der vormodernen Agrarwelt). Aber diese Rechte werden nur den jeweiligen Mitgliedern gewährt, nicht denjenigen, die anderen nationalen Einheiten angehören oder „sans papiers" sind.

Gellners Nationalismustheorie hilft uns zu verstehen, wie relevant der Bruch zwischen Vormoderne und Moderne für die politische Organisation von Gesellschaften ist. Seine Nationalismustheorie zeigt, auf welche Weise Kulturen unter modernen Vorzeichen politisiert werden. Und diese Entwicklung ist keineswegs nur ein Konstrukt oder eine Art der Eliten, die Massen zu manipulieren. Die

[87] Liberalismus und Marxismus waren davon überzeugt gewesen, dass die Industrialisierung zu einem Ende des Nationalismus führen würde. Sie waren der Meinung, dass „last but not least" Gemeinschaften durch Gesellschaften ersetzt werden würden. Und laut Gellner bestand das vorrangige Problem des Marxismus nicht darin, dass er illiberal war, sondern dass er „überliberal" war. Während den Liberalen eine pluralistische, offene Gesellschaft mit einem minimalen Staat (Nachtwächterstaat) vorschwebte, so ging Marx noch einen Schritt weiter und sah die staatenlose Gesellschaft als den Endpunkt der Geschichte an (Vgl. auch Lenins „Staat und Gesellschaft" (1947).

politisierte Kultur ist für den Einzelnen/die Einzelne identitätsstiftend. Die jeweilige Hochkultur, die nationale Kultur, ist einerseits dadurch geprägt, ob sie seit längerem mehr oder minder etabliert war und ihr geographisches Einzugsgebiet den vormodernen Grenzen nicht zuwider lief und andererseits dadurch, ob sie als Hochkultur bereits vor dem Aufkommen der Moderne existierte oder ob aus einer Vielzahl von Volkskulturen sich eine Volkskultur zur nationalen Hochkultur „entwickelt" hat beziehungsweise sich zumeist gewaltsam als solche etabliert hat.

In „Nationalismus – Kultur und Macht" (1999) hat sich Gellner zu den praktischen Konsequenzen geäußert, die im Rahmen seiner Nationalismustheorie realistisch sind. Abgesehen davon, ob wir persönlich dem einen oder anderen Lager des 19. Jahrhunderts zuneigen und entweder aus marxistischen oder liberalen Beweggründen Antipathien für nationalistische Gefühle hegen, zeigt uns Gellners Nationalismustheorie, dass Nationalismus Teil der industriellen Moderne ist. An kosmopolitische Ideale zu appellieren, um nationalistische Bestrebungen einzudämmen, wäre laut Gellner kein erfolgreiches Unterfangen. Industrielle Entwicklung findet in einem nationalen Rahmen statt und ist auf moderne kontextfreie Kommunikation angewiesen. Wie Gellner gezeigt hat, kommt der Bildung, der Formung der Gesellschaftsmitglieder zu Inhabern einer bestimmten konzeptuellen Währung, eine enorme Bedeutung zu. Und diese Bedeutung betrifft nicht nur die ökonomische Ebene, sondern über die veränderte Rolle der Kultur wird auch die alte politische Ordnung der Vormoderne nicht länger als legitim betrachtet. Der Drang zu kultureller Homogenität sowie die aus der Vormoderne und der Romantik entlehnten Stereotype führen oftmals zur Ausgrenzung von Angehörigen anderer Kulturen sowie denjenigen, die den lokalen Stereotypen nicht entsprechen. Diese Ausgrenzung kann bis zum Genozid führen. Für die ausgegrenzten Gesellschaftsmitglieder gibt es nur zwei Möglichkeiten, Assimilation oder eigener Nationalismus. Und wie wir gesehen haben, ist Assimilation vom Gutdünken der Mehrheitsbevölkerung abhängig. Gesellschaften, deren Tradition der Liberalismus und damit auch ein gewisser Grad an Kosmopolitismus ist, wie die angelsächsischen, sind offener im Hinblick auf Assimilation und das Zulassen von kulturellen Differenzen im „gesetzlichen" Rahmen als Gesellschaften, die traditionell romantisch geprägt sind wie die deutsche.[88] Im weltweiten Vergleich überwiegt der Anteil der Gesellschaften, die ihre nationale Identität eher romantisch kommunitarisch als liberal individualistisch verstehen. Moralpredigten für einen weniger romantisch/ethnisch eingefärbten Nationalismus werden, wie Gellner betont, nicht viel Gehör finden. Warum trägt die moderne Welt sowohl individualistische als auch kommunitarische Züge? Also warum treten die Errungenschaften der Aufklärung nur im nationalen Rahmen (wenn überhaupt) in Erscheinung?

In seinem posthum veröffentlichten Buch „Language and Solitude – Wittgenstein, Malinowski and the Habsburg Dilemma" (1998) setzt sich Gellner mit den zwei großen philosophischen Richtungen der Moderne auseinander und setzt sie auch in Bezug zu seiner Nationalismustheorie. Wie wir im Rahmen der Diskussion der drei Stufen der Moral bereits dargelegt haben, handelt es sich um das Gegensatzpaar Aufklärung/Universalismus/Individualismus versus Gegenaufklärung/Romantik/Kommunitarismus. Gellner stellt diesen Gegensatz anhand der Entwicklung des Philosophen Ludwig Wittgenstein vom extremen Individualisten/Atomisten zum extremen Kommunitaristen (Sprachphilosophen) dar.[89] Das späte Habsburgerreich war auf

[88] Der britische Sozialanthropologe Alan McFarlane hat sich eingehend mit der Geschichte des englischen Individualismus befasst: „If he (McFarlane, BTG) is right, the English were at their most individualist when they were also most traditional. Other nations had to do violence to their traditional nature so as to become modern: the English only needed to remain true to themselves." (Gellner 1998: 9)

[89] In Ludwig Wittgensteins früher Philosophie spielte Kultur überhaupt keine Rolle, lediglich die Logik war relevant. Gellner zeigt, wie Wittgensteins frühe Philosophie in der Einsamkeit des reinen individualistischen Kosmopoliten kulminierte. Wittgenstein konnte diese unangenehme Situation nicht mit gesellschaftlicher Ungezwungenheit kompensieren (wie es David Hume, der zu ähnlichen philosophischen Schlüssen gekommen war, so zwanglos gelang). Den Gegenpol zu seiner philosophischen Einsamkeit schaffte sich Wittgenstein damit, dass er seine eigene Philosophie umstülpte. So wie Marx Hegel auf den Kopf gestellt hatte, stellte Wittgenstein sich selber auf den Kopf. Dort wo zuvor kein Platz für Kultur, sondern nur für Logik gewesen war, war nun Kultur alles. Wittgensteins späte Philosophie, seine Sprachphilosophie, machte seine philosophie Welt „gemütlich". Sie war nicht länger die „kalte" Welt seiner frühen Philosophie, sondern die kulturgesättigte Welt der diversen „forms of life". Dabei beschäftigte sich der späte Wittgenstein nicht mit konkreten Kulturen, sondern lediglich mit der Idee der Kulturen. Seine Anhänger außerhalb der Philosophie sind zumeist Kulturrelativisten, die sich oftmals mit ganz konkreten „forms of life" beschäftigen und Wittgenstein als theoretischen Beistand bemühen, um ihren Relativismus philosophisch zu untermauern.

exemplarische Weise von dem Gegensatz dieser Denksysteme gekennzeichnet. Die sich Gehör verschaffenden ethnischen Nationalismen standen für den Kommunitarismus, während sich in Wien neben den Ethnischen die liberale „Kerntruppe“ befand, die sich größtenteils aus Intellektuellen mit zumeist jüdischem Hintergrund rekrutierte.[90] Diese Intellektuellen waren in einer paradoxen Situation: Sie schauten bewundernd Richtung Nordwesteuropa, wo sich in den protestantischen Gebieten ein politischer Liberalismus etabliert hatte und standen im Habsburgerreich auf der Seite des katholischen Regenten Franz-Josef, der ebenso wie sie das Habsburgerreich zusammenhalten wollte.[91] Die Liberalen waren für Megalomania, während die Ruritanier in der Mehrzahl von ihrem jeweiligen Nationalismus vereinnahmt waren. Die Koalition der Liberalen mit dem katholischen Regenten hatte etwas Widersprüchliches: Liberale Verfechter der Aufklärungswerte vereint mit einer Monarchie, die für ihren religiösen Dogmatismus und traditionellen Autoritarismus bekannt war. Das Habsburgerreich war jedoch ideologisch weicher geworden und praktizierte entgegen seiner eigenen religiös-dogmatischen Vergangenheit einen kulturellen Pluralismus. Es war sozusagen de jure streng katholisch und de facto relativ pluralistisch. Die vielen Sprachen, die innerhalb der Donaumonarchie gesprochen wurden, wurden gefördert und fanden Ausdruck in einer Vielzahl von Schulen und Universitäten in dem jeweiligen lokalen Idiom. Und die ruritanischen Nationalismen waren zumeist Visionen von geschlossenen Gesellschaften, die den Verfechtern offener Gesell-

[90] Gellner betont, dass die Liberalen, die Wiener Kosmopoliten, angesichts der Flut an ethnischen Nationalismen um sie herum entweder im Stile von Popper die Werte einer offenen Gesellschaft propagierten oder sich selber zermürbten angesichts ihrer eigenen „Wurzellosigkeit“ (wie Otto Weininger oder der antimodernistisch eingestellte Karl Kraus). Gellner stellt fest, dass es aufgrund der Machtlosigkeit der Liberalen de facto nicht relevant war, ob sie heroisch das Banner der offenen Gesellschaft hochhielten oder die Selbstzweifel angesichts der eigenen „Wurzellosigkeit“ sie paralysierten: „It hardly mattered: as Arthur Schnitzler remarked about a similar dilemma faced by the same category of people, you could be pushy or shy, but you could not win.“ (Gellner 1998: 138)

[91] So trauerte beispielsweise der Schriftsteller Joseph Roth dem Habsburgerreich nach: „Ein grausamer Wille der Geschichte hat mein altes Vaterland, die österreichisch-ungarische Monarchie, zertrümmert. Ich habe es geliebt, dieses Vaterland, das mir erlaubte, ein Patriot und ein Weltbürger zugleich zu sein, ein Österreicher und ein Deutscher unter allen österreichischen Völkern.“ (Roth in: Lunzer/Lunzer-Talos 2009: 197)

schaften, den Poppers und Hayecks, kein Zuhause bieten konnten und wollten. Politischer Pluralismus war nicht Bestandteil der meisten ruritanischen Nationalismen, mit Ausnahme von Masaryks liberalem tschechoslowakischem Nationalismus.[92] Gellners Nationalismustheorie liefert eine Erklärung dafür, weshalb die industrielle Moderne sowohl individualistische als auch holistische Züge aufweist. Oder anders ausgedrückt zeigt Gellner, weshalb sich Gesellschaften als Gemeinschaften gebären. Politische Legitimität und damit Stabilität erlangt eine moderne Gesellschaft, wenn sie ihren Mitgliedern Wohlstand ermöglicht und wenn sie „nationalistisch" ist, d.h. wenn sie über eine einheitliche konzeptuelle Währung verfügt und die politische Klasse die nationale Kultur widerspiegelt.

Gellners Beschäftigung mit den zwei großen Strömungen innerhalb des modernen Denkens kulminiert in der Feststellung, dass sie beide für das Verständnis unserer Situation unabdingbar sind. Der Individualismus hat auf der kognitiven Ebene zum Aufkommen der modernen Wissenschaft geführt. Ein methodologischer Individualismus ist die Basis moderner Wissenschaft, die das Fundament der modernen Ökonomie darstellt, denn wachstumshungrige Gesellschaften sind auf wissenschaftliche Innovationen angewiesen. Demzufolge ist die individualistische Vision gegenüber den diversen Holismen im kognitiven und produktiven Bereich überlegen. Was sie jedoch nicht bieten kann, das haben ihre romantischen Rivalen im Überfluss: soziale Kohäsion. Den eigenen Prämissen gemäß kann der Individualismus nicht sozial kohäsiv agieren. Das Verlangen nach „Bedeutung", nach einer Gemeinschaft, die dem Einzelnen ein Zuhause bietet, erfüllt die individualistische Vision nicht:

„(...) the price of real knowledge is that our identities, freedom, norms, are no longer underwritten by our vision and comprehension of things. On the contrary we are doomed to suffer from a tension between cognition and identity." (Gellner 1974: 207)

Die individualistische Vision, die Aufklärungsvision, ist keine Beschreibung dessen, wie die Welt beziehungsweise Gesellschaften

[92] Für Popper war Masaryk ein herausragender Repräsentant der offenen Gesellschaft: „Tomas G. Masaryk, einer der größten aller Kämpfer für eine offene Gesellschaft" (Popper 2003b: 62). Masaryk wird oft mit Émile Zola verglichen, denn er hat – ebenso wie der französische Schriftsteller während der Dreyfus-Affäre – moralisches Rückrad während der Hilsner-Affäre bewiesen (Vgl. Čapek 1990: 101 f).

funktionieren, denn der „moderne Mensch", der individualistische Mensch, ist nicht *der* Mensch per se. Bei Popper beispielsweise findet sich der Trugschluss, dass Rationalismus, das Streben nach Vernunft, unsere „wahre" Natur sei. Gellner ist zwar ebenso wie Popper ein Verfechter der Aufklärung sowie der Vernunft, aber im Gegensatz zu Popper ist er davon überzeugt, dass die Vernunft, also die individualistische Weltsicht, keineswegs zu unserer „natürlichen" Ausstattung gehört, sondern erst im Zuge der Moderne Verbreitung gefunden hat. Der Individualismus hat soziale Wurzeln und ist damit eine von vielen Traditionen und gleichzeitig ist er eine besondere Tradition, denn er hat sich im Gegensatz zu allen anderen Traditionen am radikalsten von den Zwängen der Gemeinschaft beziehungsweise von den (kognitiven) Zwängen der Kultur entledigt.[93] Auf diese Weise hat er ein enormes kognitives und produktives Potential freigesetzt. Die individualistische Vision erfüllt in erster Linie eine normative Funktion: Sie stellt eine kognitive Ethik dar.[94] Diese Ethik besagt, dass alle kognitiven Ansprüche gleichberechtigt vor dem „Gericht der Fakten" stehen und zu diesem Zweck auch in ihre „Einzelteile" zerlegt werden können. Nichts ist „heilig". Demnach stellt die kognitive Ethik eine Absage an alle Formen kognitiver Hierarchie oder Autorität dar.

Bedeutung erhält das Leben des Einzelnen durch Gemeinschaft, in diesem Punkt ist den Romantikern recht zu geben. Nur im Rahmen einer Kultur, also gemeinschaftlicher Werte, kann der/die Einzelne sein/ihr Leben mit „Bedeutung" füllen.[95] Was von den Romantikern zumeist übersehen wird, ist die Tatsache, dass nicht nur Kulturen sozial kohäsiv wirken, sondern ebenso wie es kulturelle

---

[93] Gellner bemerkt hierzu: „This Crusoe tradition in philosophy, from Descartes through Hume and Kant (...) performed a valuable service in formulating a myth, which highlighted the values and the principles of this tradition. (...) It highlighted the principles by which we think, though not the devious paths by which we reached our condition. (...) it was (Weber, BTG) who highlighted that the Protestant individualist tradition was a historic phenomenon like others, even if in a sense unique, both in its roots and in its consequences." (Gellner 1998: 184)

[94] Alternativ spricht Gellner von der kognitiven Ethik auch als der ungeschriebenen Verfassung der „Republic of the Mind" (Gellner 1998: 183).

[95] Positivistische Tempel (der von Comte ins Leben gerufenen positivistischen „Religion of Humanity"), wie sie beispielsweise in Paris (Chapelle de l'Humanité) oder im brasilianischen Porto Alegre (Templo positivista) zu finden sind, stellen den Versuch dar, der Aufklärungsethik zu sozialer Kohäsion mittels gemeinsamer Riten zu verhelfen.

Zwänge gibt, gibt es auch physische und wirtschaftliche Zwänge. Diese anderen, nicht-kulturellen Zwänge, können innergesellschaftliche kulturelle Optionen beeinflussen. Die Romantiker neigen zum Kulturrelativismus und verschließen damit die Augen vor dem Sachverhalt, dass die moderne individualistische Kultur den anderen Kulturen kognitiv und ökonomisch überlegen ist. Diese Diskrepanz zwischen den Kulturen ist eine Tatsache und keine Wertung. Eine Kultur, die individualistische, ermöglicht im kognitiven Bereich die Transzendenz des Kulturellen, denn „Truth is not cultural, but transcultural." (Gellner 1998: 186). Die Universalität hat bestimmte kulturelle Wurzeln, sie ist nicht „vom Himmel gefallen" ebenso wie auch alle Religionen und andere Denksysteme kulturelle Wurzeln haben. Keine andere Tradition hat sich jedoch von den Zwängen der Gemeinschaft weitestgehend befreit und hat damit dem Individuum die bislang größtmöglichste Freiheit eröffnet.

Gellner schätzt an der individualistischen Vision die Freiheit, die sie dem Einzelnen/der Einzelnen ermöglicht. Als Soziologe ist er jedoch davon überzeugt, dass für die meisten Anhänger der individualistischen Vision nicht ihre Errungenschaften in punkto Freiheitsrechten, sondern ihre ökonomischen Leistungen an erster Stelle stehen.[96] Wie lässt sich soziale Kohäsion, die unter modernen Bedingungen national betrieben wird, so gestalten, dass sie zivilisiert ist und nicht in Hass umschlägt? Je mehr Wohlstand eine Gesellschaft besitzt, desto weniger sind innergesellschaftliche Unterschiede in der Gefahr politisiert zu werden: „Klassen ohne Ethnizität sind blind; Ethnizität ohne Klassen ist bedeutungslos..." (Gellner 1999: 105). Da eine Industriegesellschaft auf technische Innovationen, auf Wissenschaft, angewiesen ist, muss ein nicht geringer Teil der Gesell-

[96] Er schreibt hierzu: „(...) sobald aber, wie Max Weber bemerkt hat, das Reichtum-erzeugende Potential des neuen produktiven Stils erst einmal manifest wurde, konnten viele andere diesen übernehmen, und sie taten das auch, ohne länger durch die abwegige, um nicht zu sagen bizarre Motivation gezwungen zu sein, die Weber den puritanischen Erzeugern der modernen Rationalität zuschrieb. Infolgedessen ist es nutzlos zu versuchen, der Menschheit eine rationalistische, universalistische, egalitäre Ethik mit dem Argument aufzuzwingen, daß der produktive Stil, der die Bedingung des Lebensstils ist, an den man sich so eifrig gewöhnen will, einen *auch* verpflichte, sich in bestimmter Weise zu verhalten. Es ist mittlerweile vollkommen klar, daß man Elemente jener Rationalität akzeptieren kann, namentlich ihre Anwendung bei der Ausbeutung der Natur und in der Produktion, ohne sie darum in anderen Sphären zu akzeptieren." (Gellner 1995b: 181)

schaftsmitglieder in den Kategerien der individualistischen Vision denken und ist damit weniger anfällig für „ideologisches Geschwätz". Wie kann das Bedürfnis nach sozialer Kohäsion bedient werden, ohne dass es zur Verabsolutierung in Form einer religiösen Ordnung oder eines Religionsersatzes wie kommunistischen oder faschistischen Ideologien kommt? „Thick ideological meat" hat Gellner nicht anzubieten.[97] Er schlägt einen ironischen kulturellen Nationalismus vor, einen Nationalismus ohne „politische Zähne". Im Gegensatz zu Poppers romantischer Vorstellung von der offenen Gesellschaft, ist sich Gellner, nicht zuletzt aufgrund seiner sozialanthropologischen und philosophischen Erkenntnisse, der Tatsache bewusst, dass soziale Kohäsion nicht von einer individualistischen Vision erbracht werden kann.[98] Und er ist sich ebenso im Klaren darüber, dass diejenigen Visionen, die soziale Kohäsion im Angebot haben, damit zugleich Angriffe auf den Kern der individualistischen Vision darstellen.[99] Wenn Gellners Nationalismustheorie zutrifft, können wir Nationalismus unter modernen Bedingungen nicht vermeiden. In diesem Sinne schlägt er einen Nationalismus vor, der nichts verabsolutiert. Im kulturellen Bereich ist Relativismus erlaubt, solange die individuellen Freiheitsrechte dadurch nicht eingeschränkt werden. Somit plädiert Gellner für einen kulturellen Pluralismus

---

[97] Auch Gellners Freund, sein französischer Kollege Raymond Aron, konnte seinen Optimismus hinsichtlich einer vernünftigen Entwicklung nicht vernünftig untermauern: „(...) in spite of my reputation, I am in a certain sense an irrepressible optimist. I cannot help believing that in the long run an evolution in the direction of reason is more probable than an evolution toward madness and catastrophe. When I think about it, I see no reasonable reason to believe in my own optimism." (Aron 1967: 183)

[98] Hier sei nochmal auf John A. Halls treffliche Beschreibung des Gegensatzes zwischen Popper und Gellner verwiesen: „The difference is really that Gellner's loyality to rationalism stressed its emptiness, its lack of grounding, in contrast to Popper's rather romantic view that critical rationalism was written into the very nature of life. In that sense, Gellner was much more deeply homeless than Popper." (Hall 2010: 381)

[99] Ian Jarvie und John A. Hall unterstreichen die Gefahr, die von moderner Gemeinschaftsromantik ausgehen kann: „(...), Gellner is clearly aware that the attempt to make modern societies unitary and cosy, that is, to provide moral solidarities in a world made complex by the division of labour, is potentially dangerous. Fascism had sought such a unitary world, and so too had Marxism. Given this, Gellner consistently recommended stoicism in the face of a morally empty world – one capable, nonetheless, of providing wonderful life chances for the vast majority." (Hall/Jarvie 1996: 18)

sowie für einen ironischen kulturellen Nationalismus. Unter letzterem versteht er folgendes: „(...) the acceptance of ‚forms of life', from styles of food, handshakes and wallpaper to political rituals or personal relationships (...) an acceptance which no longer endows anything with an aura of the absolute, but is ironic, tentative, optional, and above all, discontinuous with serious knowledge and real conviction. In this limited sphere of ‚culture', relativism is indeed valid. In the sphere of serious conviction, on the other hand, relativism is not an option open to us *at all*." (Gellner 1974: 207).[100]

Unter „serious conviction" sind die Bereiche Kognition und Moral zu verstehen. Hier ist Relativismus keine Option, sondern ein desaströser Fehler. Wir können nicht so tun, als ob alle Denkweisen gleichberechtigt seien, wie es Vertreter der Postmoderne beziehungsweise des Kulturrelativismus fordern. Diese Sichtweise ist falsch, denn sie verschließt die Augen vor der enormen Macht der modernen Kognition, der Wissenschaft (unabhängig davon, wie wir sie bewerten, ist sie machtvoller als alle anderen Denkweisen). Und in punkto Moral wäre es ebenfalls falsch in einen Relativismus abzugleiten. Weder die alten ganzheitlichen Weltbilder mit ihren Hierarchien noch die rechten oder linken romantischen Vorstellungen von einer Welt ohne „Entfremdung", von einer Einheit zwischen dem Einzelnen und seiner (wie auch immer definierten) Gemeinschaft sind moralisch attraktive Optionen. Denn unter modernen Bedingungen ist die Überwindung von „Entfremdung" nur auf Kosten der Zivilgesellschaft und damit der individuellen Freiheit möglich.

Gellner hat in „Legitimation of Belief" (1974) anhand einer Schiffsmetapher unsere moderne Situation erläutert. Einst gab es die großen Schiffe, die geschlossenen Weltbilder des Agrarzeitalters. Sie sind größtenteils im Zuge der Moderne untergegangen und es bestand unter den meisten Aufklärungsphilosophen die Vorstellung,

---

[100] John A. Hall sieht Gellners Vorstellung eines ironischen kulturellen Nationalismus im Einklang mit den Vorstellungen von Montesquieu, der weniger ein Bewunderer kultureller Eigenarten als vielmehr ihr verwunderter Beobachter gewesen sei: „Montesquieu has absolute allegiance to a very few universal standards, but beyond those he seems almost a complete sceptic and relativist – not so much praising different ways of life as throwing up his hands at the mild absurdity of every single one of them." (Hall 2010: 381)

dass die alten Schiffe durch ein neues, weitaus besseres Schiff ersetzt werden würden. Sie waren davon überzeugt, dass der heroische Crusoe-Mensch sich eine neue Welt, ein neues Schiff, baut. Heute wissen wir, dass ein ideologisch voll ausgestattetes neues Schiff mit der Aufklärungsethik nicht vereinbar ist, da es nur totalitär sein kann. Wenn wir kein neues Schiff besitzen, stellt sich die Frage, was uns stattdessen zur Verfügung steht. Es ist diverses Treibholz aus dem sich wenigstens ein Floß zimmern lässt. Gellner stellt sich mit seiner Schiffs- beziehungsweise Floßmetapher sowohl gegen messianische Geschichtsvorstellungen eines perfekt ausgestatteten neuen Schiffs, aber auch gegen postmoderne Vertreter, deren Vorstellungen nur aus „muddy water" bestehen. Vier Planken gibt es nach Gellners Überzeugung, die zusammengezimmert dafür sorgen, dass wir einigermaßen festen Boden unter den Füßen haben.

Eine dieser Planken stellt der ironische kulturelle Nationalismus dar, der in einer relativistischen Haltung gegenüber (oberflächlichen) kulturellen Eigenarten besteht. Der Empirismus ist eine weitere wichtige Planke: Glaubenssysteme werden von seinem Insistieren auf dem alleinigen Anerkennen von Fakten untergraben.[101] Und neben der empiristischen Planke gibt es die mechanistische. Sie besteht darin, dass wir auf mechanistischen Erklärungen bestehen, denn diese Art der allgemeinen, strukturellen Erklärung ist der einzige Weg, um effektives Wissen zu generieren: „(...) for any other kind of ‚explanation', tied to individuality or idiosyncrasy, is *ipso facto* powerless." Und die vierte Planke stellt die soziologische Auseinandersetzung mit „Entwicklung" dar. Hierbei geht es nicht um Entwickung im Allgemeinen, sondern um die Entwicklung der industriellen Zivilisation, um die Transformation von vormoderne in moderne Gesellschaften. Diese vier Planken bilden nach Gellners Überzeugung unser modernes Fundament. Die Auseinandersetzung mit dieser Basis hilft uns sowohl unsere Situation als auch unsere Optionen besser zu verstehen, unabhängig davon, ob wir in indus-

[101] Dass Empirie nie „rein" sein kann, ist kein Argument gegen sie: „(...) there are very marked and narrow limits to the extent to which it (experience, BTG) can be corrupted, and hence a reverence for experience makes an enormous and salutary difference." (Gellner 1974: 206) Was wäre eine Alternative zur Empirie? Was bieten uns die Kritiker der Empirie? Das „kneel and thou shall see" der Religion (Opium für das Volk) oder das „indulge in revolutionary praxis and thou shall see" der säkularen Religion (Opium für Intellektuelle) oder die „muddy waters" der Postmodernen, die den Opiumkonsum der anderen indirekt unterstützen.

trialisierten oder sich industrialisierenden Ländern leben. Eine dieser Planken haben wir im Rahmen unserer Untersuchung hoffentlich etwas erleuchten können: die nationalistische.

LITERATURVERZEICHNIS

Adorno, Theodor W./Dahrendorf, Ralf u.a. (1982): Der Positivismusstreit in der deutschen Soziologie, Darmstadt/Neuwied.

Anderson, Benedict (2006): Imagined Communities – Reflections on the Origin and Spread of Nationalism, London/New York.

Anderson, Perry (1996): Science, Politics, Enchantment, In: Hall, John A./Jarvie, Ian (Eds.): The Social Philosophy of Ernest Gellner, Amsterdam/Atlanta, 407–426.

Arendt, Hannah (1991): Elemente und Ursprünge totaler Herrschaft – Antisemitismus, Imperialismus, totale Herrschaft, München/Zürich.

Aron, Raymond (1967): Eighteen Lectures on Industrial Society, London.

Aron, Raymond (1981): Über die Freiheiten, Stuttgart.

Avineri, Shlomo (1973): Political and Social Aspects of Israeli and Arab Nationalism, In: Kamenka, Eugene (Ed.): Nationalism – The Nature and Evolution of an Idea, Canberra, 100–122.

Bayart, Jean-François (1993): The State in Africa – The Politics of the Belly, London/New York.

Beller, Steven (1989): Vienna and the Jews 1867–1938 – A cultural history, Cambridge.

Bendix, Reinhard (1970): Embattled Reason – Essays on Social Knowledge, New York.

Bendix, Reinhard (1984): Force, Fate and Freedom – On Historical Sociology, Berkeley/Los Angeles/London.

Berghe, Pierre van den (1981): The Ethnic Phenomenon, Westport CT.

Berlin, Isaiah (2000): The Roots of Romanticism, London.

Canetti, Veza (1993): Der Oger, Frankfurt a. Main.

Čapek, Karel (1990): Gespräche mit Masaryk, Mindelheim.

Carr, Edward Hallett (1965): Nationalism and after, London.

Chang, Jung (2014): Kaiserinwitwe Cixi – Die Konkubine, die Chinas Weg

in die Moderne ebnete, München.
Chua, Amy (2003): World on Fire – How Exporting Free Market Democracy Breeds Ethnic Hatred and Global Instability, London.
Churchill, Winston S. (2003): Der Zweite Weltkrieg, Frankfurt a. Main.
Crone, Patricia (1992): Die vorindustrielle Gesellschaft – Eine Strukturanalyse, München.
Dangarembga, Tsitsi (1988): Nervous Conditions, London.
Deutsch, Karl (1966): Nationalism and Social Communication – An Inquiry into the Foundations of Nationality, Cambridge MA.
Dingley, James (2015): Durkheim and National Identity in Ireland – Applying the Sociology of Knowledge and Religion, Basingstoke.
Durkheim Émile (2007): Die elementaren Formen religiösen Lebens, Berlin.
Eisenstadt, Shmuel N. (2000): Die Vielfalt der Moderne, Weilerswist.
Eisenstadt, Shmuel N. (2006): Theorie und Moderne – Soziologische Essays, Wiesbaden.
Fukuyama, Francis (2011): The Origins of Political Order – From Prehuman Times to the French Revolution, New York.
Fukuyama, Francis (2014): Political Order and Political Decay – From the Industrial Revolution to the Globalization of Democracy, London.
Gat, Azar (2012): Nations – The Long History and Deep Roots of Political Ethnicity and Nationalism, Cambridge.
Gellner, Ernest (1959): Words and Things – A Critical Account of Linguistic Philosophy and A Study in Ideology, Boston.
Gellner, Ernest (1965): Thought and Change, Chicago.
Gellner, Ernest (1969): Saints of the Atlas, London.
Gellner, Ernest (1973): Cause and meaning in the social sciences, London/ Boston.
Gellner, Ernest (1974): Legitimation of Belief, Cambridge.
Gellner, Ernest (1979): Spectacles & Predicaments – Essays in Social Theory, Cambridge.
Gellner, Ernest (Ed.) (1980): Soviet and Western Anthropology, London.
Gellner, Ernest (1983): Nations and Nationalism, Ithaca/New York.
Gellner, Ernest (1985): Relativism and the Social Sciences, Cambridge.
Gellner, Ernest (1987): Culture, Identity, and Politics, Cambridge.
Gellner, Ernest (1988a): Plough, Sword and Book – The Structure of Human History, Chicago/London.
Gellner, Ernest (1988b): State and Society in Soviet Thought, Oxford.
Gellner, Ernest (1992a): Der Islam als Gesellschaftsordnung, München.
Gellner, Ernest (1992b): Postmodernism, Reason and Religion, London/ New York
Gellner, Ernest (1994): Encounters with Nationalism, Oxford/Cambridge MA.

Gellner, Ernest (1995a): Bedingungen der Freiheit – Die Zivilgesellschaft und ihre Rivalen, Stuttgart.
Gellner, Ernest (1995b): Descartes & Co. – Von der Vernunft und ihren Feinden, Hamburg.
Gellner, Ernest (1995c): Anthropology and Politics – Revolutions in the Sacred Grove, Oxford/Cambridge MA.
Gellner, Ernest (1996): Reply to Critics, In: Hall, John A./Jarvie, Ian (Eds.): The Social Philosophy of Ernest Gellner, Amsterdam/Atlanta, 623–686.
Gellner, Ernest (1998): Language and Solitude – Wittgenstein, Malinowski and the Habsburg Dilemma, Cambridge.
Gellner, Ernest (1999): Nationalismus: Kultur und Macht, Berlin.
Gellner, Ernest (2012): The Coming of Nationalism and Its Interpretation: The Myths of Nation and Class, In: Balakrishnan, Gopal (Ed.): Mapping the Nation (E-Book), London/New York.
Greenfeld, Liah (1993): Nationalism – Five Roads to Modernity, Cambridge MA.
Greenfeld, Liah (2003): The Spirit of Capitalism – Nationalism and Economic Growth, Cambridge MA/London.
Greenfeld, Liah (2013): The Modern Mental Disease, In: https://liahgreenfeld.com/category/anomie/, 9.2.2018.
Griffiths, Martin (1997): Multilaterism, nationalism and the problem of agency in international theory, In: Leaver, Richard/Cox, Dave (Eds.): Middling, Meddling, Muddling – Issues in Australian Foreign Policy, St Leonards, NSW, 44–68.
Hall, John A. (1981): Diagnoses of Our Time – Six Views on Our Social Condition, London.
Hall, John A. (Ed.) (1998): The State of the Nation – Ernest Gellner and the Theory of Nationalism, Cambridge.
Hall, John A. (2010): Ernest Gellner – An Intellectual Biography, London.
Hall, John A./Jarvie Ian C. (Eds.) (1992): Transition to Modernity – Essays on power, wealth and belief, Cambridge.
Hall, John A./Jarvie, Ian C. (Eds.) (1996): The Social Philosophy of Ernest Gellner, Amsterdam/Atlanta.
Hann, Chris (1996): Gellner on Malinowski: Words and Things in Central Europe, In: Hall, John A./Jarvie, Ian C. (Eds.): The Social Philosophy of Ernest Gellner, Amsterdam/Atlanta, 45–64.
Hann, Chris (1998): Nationalism and civil society in central Europe: from Ruritania to the Carpathian Euroregion, In: Hall, John A. (Ed.): The State of the Nation – Ernest Gellner and the Theory of Nationalism, Cambridge, 243–257.
Haugaard, Mark (2007): Power, modernity and liberal democracy, In: Malešević, Siniša/Haugaard, Mark (Eds.): Ernest Gellner and Contem-

porary Social Thought, Cambridge, 75–102.
Hertzberg, Arthur (1997): The Zionist Idea – A Historical Analysis and Reader, Philadelphia.
Heywood, Andrew (1999): Political Theory – An Introduction, New York.
Hobsbawm, Eric J. (1990): Nations and Nationalism since 1780, Cambridge.
Hobsbawm, Eric/Ranger, Terence (Eds.) (1983): The Invention of Tradition, Cambridge.
Hroch, Miroslav (1998): Real and constructed – the nature of the nation, In: Hall, John A. (Ed.): The State of the Nation – Ernest Gellner and the Theory of Nationalism, Cambridge, 91–106.
Hroch, Miroslav (2000): Social Preconditions of National Revival in Europe – A Comparative Analysis of the Social Composition of Patriotic Groups among the Smaller European nations, New York.
Hroch, Miroslav (2005): Das Europa der Nationen – Die moderne Nationsbildung im europäischen Vergleich, Göttingen.
Ionescu, Ghiţa/Gellner, Ernest (1969) (Eds.): Populism – Its Meanings and National Characteristics, London.
Jarvie, Ian C. (1992): Gellner's positivism, In: Hall, John A./Jarvie Ian C. (Eds.): Transition to Modernity – Essays on power, wealth and belief, Cambridge, 243–257.
Kamenka, Eugene (Ed.) (1973): Nationalism – The Nature and Evolution of an Idea, Canberra.
Kamenka, Eugene (1993): Nationalism: Ambiguous Legacies and Contingent Futures, In: Political Studies, Vol. 41 (August), 78–92.
Kedourie, Elie (1993): Nationalism, Oxford/Cambridge MA.
Kedourie, Elie (Ed.) (2006a): Nationalism in Asia and Africa (E-Book), London.
Kedourie, Elie (2006b): Introduction, In: Kedourie, Elie (Ed.) (2006a): Nationalism in Asia and Africa (E-Book), London.
Koch, Ludwig (1934): Jesuiten-Lexikon – Die Gesellschaft Jesu einst und jetzt, Paderborn.
Kohn, Hans (1955): Nationalism, Princeton.
Laitin, David D. (1998): Nationalism and language: a post-Soviet perspective, In: Hall, John A.: The State of the Nation – Ernest Gellner and the Theory of Nationalism, Cambridge, 135–157.
Lenin, Wladimir I. (1947): Staat und Revolution, Leipzig.
Lessnoff, Michael (2002): Ernest Gellner and Modernity, Cardiff.
Lewis, Bernard (1968): The Emergence of Modern Turkey, Oxford.
Lewis, Bernard (2003): What Went Wrong? – The Clash Between Islam and Modernity in the Middle East, New York.
Lewis, Bernard (2013): Notes On A Century – Reflections of a Middle East Historian, London.

Llobera, Josep (1996): The God of Modernity – The Development of Nationalism in Western Europe, Oxford/Washington D.C.

Löwenstein, Shimona (1995): Emanuel Rádl – Philosoph und Moralist 1873–1942, Frankfurt a. Main.

Lunzer, Heinz/Lunzer-Talos, Victoria (2009): Joseph Roth – Leben und Werk in Bildern, Köln.

Macfarlane, Alan (1996): Ernest Gellner and the Escape to Modernity, In: Hall, John A./Jarvie, Ian C. (Eds.): The Social Philosophy of Ernest Gellner, Amsterdam/Atlanta, 207–219.

Malešević, Siniša/Haugaard, Mark (Eds.) (2007): Ernest Gellner and Contemporary Social Thought, Cambridge.

Mango, Andrew (2004): The Turks Today, Woodstock/New York.

Mann, Michael (1996): The Emergence of Modern European Nationalism, In: Hall, John A./Jarvie, Ian C. (Eds.): The Social Philosophy of Ernest Gellner, Amsterdam/Atlanta, 147–170.

Mann, Thomas (2009): Betrachtungen eines Unpolitischen (E-Book), Frankfurt a. Main.

Marx, Karl/Engels, Friedrich (2009): Manifest der Kommunistischen Partei (1890), Köln.

McNeill, William Hardy (1991): The Rise of the West – A History of the Human Community, Chicago.

Menzel, Ulrich (1992): Das Ende der Dritten Welt und das Scheitern der großen Theorie, Frankfurt a. Main.

Minogue, Kenneth (1996): Ernest Gellner and the dangers of theorising nationalism, In: Hall, John A./Jarvie, Ian C. (Eds.): The Social Philosophy of Ernest Gellner, Amsterdam/Atlanta, 113–128.

Moore, Barrington Jr. (1966): Social Origins of Dictatorship and Democracy – Lord and Peasant in the Making of the Modern World, Boston.

More, Charles (2000): Understanding the Industrial Revolution, London/ New York.

Mouzelis, Nicos (1998): Ernest Gellner's theory of nationalism: some definitional and methodological issues, In: Hall, John A. (Ed.): The State of the Nation – Ernest Gellner and the Theory of Nationalism, Cambridge, 158–165.

Mouzelis, Nicos (2007): Nationalism – restructuring Gellner's theory, In: Malešević, Siniša/Haugaard, Mark (Eds.): Ernest Gellner and Contemporary Social Thought, Cambridge, 125–139.

Muller, Jerry Z. (2003): The Mind and the Market, New York.

Muller, Jerry Z. (2010): Capitalism and the Jews, Princeton.

Musil, Jiři (1996): The Prague Roots of Ernest Gellner's Thinking, In: Hall, John A./Jarvie, Ian C. (Eds.): The Social Philosophy of Ernest Gellner, Amsterdam/Atlanta, 25–43.

Nairn, Tom (1977): The Break-up of Britain – Crisis and Neo-Nationalism,

London.

Nairn, Tom (1998): The curse of rurality: limits of modernisation theory, In: Hall, John A. (Ed.): The State of the Nation – Ernest Gellner and the Theory of Nationalism, Cambridge, 107–134.

Nairn, Tom (2005): Make for the Boondocks – Review of *Multitude* by Michael Hardt and Antonio Negri, In: London Review of Books, Vol. 27/No. 9 (May), 11–14.

O'Leary, Brendan (1996): On the Nature of Nationalism – An Appraisal of Ernest Gellner's Writings on Nationalism, In: Hall, John A./Jarvie, Ian C. (Eds.): The Social Philosophy of Ernest Gellner, Amsterdam/ Atlanta, 71–112.

O'Leary, Brendan (1998): Ernest Gellner's diagnoses of nationalism: a critical overview, or, what is living and what is dead in Ernest Gellner's philosophy of nationalism?, In: Hall, John A. (Ed.): The State of the Nation – Ernest Gellner and the Theory of Nationalism, Cambridge, 40–88.

Plamenatz, John (1973): Two Types of Nationalism, In: Kamenka, Eugene (Ed.): Nationalism – The Nature and Evolution of an Idea, Canberra, 22–36.

Popper, Karl R. (1987): Das Elend des Historizismus, Tübingen.

Popper, Karl (2003a): Die offene Gesellschaft und ihre Feinde, Band I – Der Zauber Platons, Tübingen.

Popper, Karl (2003b): Die offene Gesellschaft und ihre Feinde, Band II – Falsche Propheten: Hegel, Marx und die Folgen, Tübingen.

Praemium Erasmianum Foundation (1995): The Limits of Pluralism – neo-absolutisms and relativism, Erasmus Ascension Symposium – 11–15 May 1994, Amsterdam/Oosterbeek.

Rangel, Carlos (1985): Der Westen und die Dritte Welt – Von falschen Schuldkomplexen zu echter Verantwortung, München.

Rubinstein, Amnon (2001): Geschichte des Zionismus – Von Theodor Herzl bis heute, München.

Salzborn, Samuel (Hg.) (2011): Staat und Nation – Die Theorien der Nationalismusforschung in der Diskussion, Stuttgart.

Sand, Shlomo (2012): The Invention of the Land of Israel: From Holy Land to Homeland (E-Book), London.

Skalník, Peter (2007): Gellner versus Marxism – A major concern or a fleeting affair?, In: Malešević, Siniša/Haugaard, Mark (Eds.): Ernest Gellner and Contemporary Social Thought, Cambridge, 103–121.

Smith, Anthony D. (1996): History and Modernity – Reflections on the Theory of Nationalism, In: Hall, John A./Jarvie, Ian C. (Eds.): The Social Philosophy of Ernest Gellner, Amsterdam/Atlanta, 129–146.

Smith, Anthony D. (2009): Ethno-symbolism and Nationalism – A cultural approach (E-Book), London/New York.

Smith, Anthony D. (2010): Nationalism – Theory, Ideology, History, Cambridge.
Stargardt, Nick (1996): Gellner's Nationalism: The Spirit of Modernisation, In: Hall, John A./Jarvie, Ian C. (Eds.): The Social Philosophy of Ernest Gellner, Amsterdam/Atlanta, 171–189.
Szporluk, Roman (1988): Communism & Nationalism – Karl Marx versus Friedrich List, Oxford/New York.
Szporluk, Roman (1998): Thoughts about change: Ernest Gellner and the history of nationalism, In: Hall, John A. (Ed.): The State of the Nation – Ernest Gellner and the Theory of Nationalism, Cambridge, 23–39.
Taheri, Amir (2013): The Persian Night – Iran under the Khomeinist Revolution, New York/London.
Taylor, Charles (1998): Nationalism and modernity, In: Hall, John A. (Ed.): The State of the Nation – Ernest Gellner and the Theory of Nationalism, Cambridge, 191–218.
Vincent, Andrew (2006): Popper and Nationalism, In: Jarvie, Ian/Milford, Karl/Miller, David (2006): Karl Popper – A Centenary Assessment, Vol I – Life and Times, and Values in a World of Facts, 157–176.
Weber, Max (2000): Die protestantische Ethik und der „Geist" des Kapitalismus (1904/05), Weinheim.
Woodburn, James (1980): Hunters and gatherers today and reconstruction of the past, In: Gellner, Ernest (Ed.): Soviet and Western Anthropology, London, 95–117.
Wrigley, E.A. (1988): Continuity, Chance and Change – The character of the industrial revolution in England, Cambridge.

ÜBER DIE AUTORIN

Bianca Többe Gonçalves ist promovierte Politikwissenschaftlerin und u.a. Autorin von „Bevölkerung und Entwicklung" sowie „Entwicklungstheorie – Von der Moderne zum Antimodernismus". Dr. Gonçalves ist als Editorin für internationale IT-Unternehmen wie Yahoo! tätig gewesen. Sie lebt und arbeitet derzeit (nach Stationen in München, Dublin und Düsseldorf) in Münster.

Kontakt: entwicklungstheorie@gmail.com

www.ingramcontent.com/pod-product-compliance
Lightning Source LLC
Chambersburg PA
CBHW071157280526
45787CB00002B/530

* 9 7 8 1 5 4 6 9 0 3 6 9 7 *